Marx de Morai

AF625826

111 Orte in Turin und im Piemont, die man gesehen haben muss

111

emons:

Dieses Buch widme ich meiner wundervollen Mama. Sie hat mich an viele der Orte begleitet. Dabei immer mit der liebsten Zuneigung und Gelassenheit.

Bibliografische Information der Deutschen Nationalbibliothek
Die Deutsche Nationalbibliothek verzeichnet diese Publikation in der Deutschen Nationalbibliografie; detaillierte bibliografische Daten sind im Internet über http://dnb.d-nb.de abrufbar.

PEFC
PEFC/04-31-1370

PEFC zertifiziert

Dieses Produkt stammt aus nachhaltig bewirtschafteten Wäldern und kontrollierten Quellen

www.pefc.de

© Emons Verlag GmbH
Alle Rechte vorbehalten
Alle Fotos: © Douglas de Morais, Marx de Morais, außer
Kap. 7, 8, 26, 27, 36, 40, 56, 74, 79, 89, 109 Wolfgang Probstmeier
Kap. 58 La Deutsche vita; Kap. 70 Guido Cobino
Kap. 100 Gabriel Barbangelo; Kap. 103 Pierfranco Guillaume
© Covermotiv: iStockphoto.com/dionisvero
Layout: Eva Kraskes, nach einem Konzept
von Lübbeke | Naumann | Thoben
Kartografie: altancicek.design, www.altancicek.de
Kartenbasisinformationen aus Openstreetmap,
© OpenStreetMap-Mitwirkende, ODbL
Druck und Bindung: Grafisches Centrum Cuno, Calbe
Printed in Germany 2017
Erstausgabe 2017
ISBN 978-3-95451-736-7
Aktualisierte Neuauflage September 2017

Unser Newsletter informiert Sie
regelmäßig über Neues von emons:
Kostenlos bestellen unter
www.emons-verlag.de

Vorwort

Über 15.000 Kilometer ging es durch dieses Land. Über längst verlassene Militärpisten in die Hochalpen, zu versteckten Ruinen und abgelegenen Dörfern. Immer wieder in die schönsten Städte und stets durch die großartigen Landschaften des Piemont, des Landes am Fuß der Berge.

Hier ist der Geburtsort Italiens, und als ob es so sein sollte, gibt es alles, was Italien ausmacht. Subtropische Gärten am Lago Maggiore finden ihre Pendants in Ligurien, und die im Licht leuchtende Toskana scheint sich in den mit Wein bepflanzten Hügeln der Langhe zu spiegeln. In den heißen Sommern kann es einem auch manchmal so vorkommen, als weilte man in Kalabrien. Aber dann macht man sich in die Seealpen auf, dorthin, wo die Luft immer klar und die Natur unberührt ist.

Garibaldi, die große Figur der italienischen Vereinigung, sagte einst: »Wenn etwas Italien vereint, dann die Makkaroni.« Aber das Italien danach, das hing an der Tajarin, der typischen Pasta von hier. Wie sehr, das merkt man an Turin. Keine andere Stadt ist so wenig und so viel Italien wie diese. Erst politische Hauptstadt und dann industrielles Zentrum, kamen Menschen aus dem ganzen Land. Sie brachten viel Eigenes mit, aber sie ließen sich vor allem ein auf die Faszination dieser Stadt. So gibt es zwar Menschen von überall, aber »überall« war vorher, das »danach« ist in Herz und Seele pures Turin.

Verwöhnt vom Erfolg, pflegt man Genuss und Kultur; hier suchte man nie das Gewöhnliche. Dieses Buch soll dem Leser zeigen, dass gewöhnliches Reisen hier nahezu unmöglich ist, und Vorfreude auf Entdeckungen machen.

111 Orte

1 Cristo Redentore

Die Arche von Acqui Terme

Neben der Santo Volto in Turin ist die »Parrocchia Cristo Redentore«, die Christus-Erlöser-Kirche, eines der herausragenden Symbole modernen Sakralbaus im Piemont. Sie steht in San Defendent, einem vorgelagerten Wohnviertel von Acqui Terme. Angeregt wurde der Bau von Monsignore Livio Maritano, dem 2014 verstorbenen Bischof der Stadt. Die Kirche ist innovativ, wie auch dem Glauben angemessen, und symbolisiert in ihrer Architektur die Himmelfahrt des Erlösers.

Während außen Stahlbeton dominiert, versammelt sich die Gemeinde im Inneren unter einer Schichtholzkonstruktion. Einem Schiffsrumpf nachempfunden, ist der Innenraum eine Anlehnung an die Arche. Wie das Äußere ist auch dies ein Ausdruck des im Glauben verhafteten Architekturkonzepts. Die zurückhaltende Einrichtung unterstützt diese Wirkung, umso mehr mit dem vor einem Lichthof stehenden Altar. Die Jesusfigur darüber ist ungewöhnlich faszinierend und stellt Christus fast jugendlich dar. Zur rechten Seite liegt eine weitere Kapelle, der einzigeTeil, der von dem sonst ganz offenen Innenraum abgetrennt ist – dies aber nicht allzu deutlich, sondern durch Glaswände. Anstatt eines Kirchturms erhebt sich das Kreuz selbst zu diesem. Auf 25 Metern führt es geschwungen aus dem Gebäude heraus und bildet damit das visuelle Zentrum der Umgebung. Dieser ganz eigene Charakter ist Beweis dafür, dass die Mystik des Glaubens in Italien auch im modernen Alltag Platz hat. Die Glocke befindet sich in einem getrennten Turmbau. Dies scheint ja bei den moderneren Kirchenbauten im Piemont schon Tradition zu sein, man denke wieder an San Volto in Turin. Vom traditionellen Dreikönigskonzert im Januar über Lesungen bis hin zu wechselnden Ausstellungen wird die Kirche nicht nur von den 6.000 Gemeindemitgliedern genutzt. Sie ist eine angenehme Abwechslung in der auch sonst schönen, aber doch sehr klassischen Architektur von Acqui Terme.

Adresse 24 Via San Defendente, 15011 Acqui Terme | **Anfahrt** E 70, Ausfahrt Asti Est, dann A 33 Ausfahrt Canelli, Straße bis Acqui Terme folgen und rechts halten | **Öffnungszeiten** Mo–So 10–18 Uhr | **Tipp** In der Kathedrale der Stadt, Santa Maria Assunta, gibt es ein sehenswertes Triptychon der Madonna del Monserrato. Es wurde 1496 von Barolomeo Bermejo, einem der wichtigsten spanischen Maler des 15. Jahrhunderts, geschaffen. Wer einen flämischen Eindruck hat, liegt nicht falsch. Ungewöhnlich für einen Spanier der damaligen Zeit, war er von dieser Schule maßgeblich beeinflusst.

2 Die Quelle la Bollente

Die verbrannten Kinder von Acqui Terme

Auf dem Marktplatz von Acqui Terme entspringt eine berühmte, schlicht »La Bollente« genannte Quelle. Seit 1879 befindet sie sich in einem kleinen Wassertempel von Giovanni Cerruti. Im eklektischen Stil entworfen, aus weißem Marmor und mit dunklem Becken, bildet dieser heute den Mittelpunkt der Stadt. Am Tag befüllt man hier eine Flasche mit 74,5 Grad Celsius heißem Wasser, am Abend sitzt man um sie herum und hält das Gesicht in den Dampf. Das Wasser fließt durch das Sediment eines alten Urmeeres. Angereichert mit Mineralien und Wirkstoffen, tritt es nach bis zu 70 Jahren an die Oberfläche. Der Schwefelduft der jod- und bromhaltigen Quelle ist gewöhnungsbedürftig, lässt einem aber eine alte Legende wirklicher erscheinen.

Denn das heiße Wasser fließt hier schon weitaus länger. Seit dem Mittelalter bis in die 70er Jahre des letzten Jahrhunderts ließ man sich dieses Wasser von »Brentau« genannten Trägern nach Hause liefern. Davor kurten hier die Römer und genossen das Bad. Noch weiter zurück sollen es die Griechen gewesen sein: Angezogen von den heißen Thermen, gründeten sie hier eine Kolonie. Ob dies nun der Wahrheit entspricht oder nicht – dieser Legende schließt sich eine weitere an: Es heißt, dass es hier den Brauch einer heidnischen Taufe gab. Im gesamten Piemont hielten sich alte Religionen und Traditionen noch, als das Christentum ringsum schon Fuß fasste. Wahrscheinlich gab es hier bereits im 4. Jahrhundert eine christliche Gemeinde.

Die heidnischen Nachbarn waren am Ritual der Taufe besonders interessiert und wollten es möglichst eindrucksvoll umdeuten. Jedenfalls ahmten sie es hier auf ziemlich spezielle Art und Weise nach: So wird berichtet, dass sie ihre Neugeborenen in die heiße Quelle tauchten; die, welche diese Prozedur überlebten, waren es wert, Acqui Termer zu sein, und wurden stolz in der lokalen Mundart »Sgaientò« (verbrannt) genannt.

Adresse Piazza della Bollente, 15011 Acqui Terme | **Anfahrt** A 26, Ausfahrt Alessandria Sud, dann SS 30 bis zum Ziel | **Öffnungszeiten** immer zugänglich | **Tipp** Das Piemont ist reich an Thermen, besonders an der Grenze zu Ligurien und in den Seealpen. Interessant ist der Besuch der Terme di Valdieri. Hier kurte seit 1755 das Königshaus und baute sein großflächiges Jagdrevier aus. Viktor Emanuel II. errichtete hier ein noch immer besuchbares Chalet für seine Geliebte und spätere Frau, die »Schöne Rosa«.

3 Das Wandgemälde

Das vielleicht längste Wandbild Italiens

Mitten im Monferrato liegt der kleine Ort Camagna. Auf einer Anhöhe, eingerahmt von Weinbergen, Maisfeldern und wilder Natur, sieht man schon von Weitem den Turm der monumentalen Kirche. Man sollte hierher aber auch wegen einer weiteren Attraktion kommen: Kurz nach der Einfahrt in den Ort teilt sich die Straße um die halbrunde Mauer eines Wasserspeichers. War dies lange ein unansehnlicher Platz, strahlt hier seit 1992 eines der größten, wenn nicht das größte Wandgemälde Italiens.

Hausfresken und ähnlicher Fassadenschmuck haben seit jeher Tradition im Piemont, aber nur selten findet man diese noch so lebendig wie hier. In 1.000 Stunden Arbeit von April bis September haben Silvana Berra, Giovanni Cappa und Renzo Rossino auf 91 Metern dieses Werk erschaffen. Der Stadt gestiftet, zeigt es historischen Aufzeichnungen entnommene Gebäude der Gegend und die gegenüberliegende Landschaft fast wie in einem Spiegel. Besonders bei klarem Wetter wirkt dies wie eine optische Täuschung.

Ein Hinweis auf eine kuriose Geschichte Camagnas findet sich fast in der Mitte des Bildes. Hier ist ein großer Stein, der sogenannte »La Culieta«, abgebildet. Heute verschollen, soll er einst stets zwei Tage vor Regenwetter feucht geworden sein. Die Bewohner, so immer vor schlechtem Wetter gewarnt, waren berühmt für die reichste Ernte der Gegend und immer rechtzeitige Lese der Trauben. Vielleicht entdeckt man dieses alte Mittel zur Wettervorhersage ja irgendwann in den Kirchwänden verbaut? Praktisch wäre es, und einer Karriere als erfolgreicher Wetterfrosch stünde nichts mehr im Wege. Ein Besuch des aufwendigen Kirchenbaus lohnt sich in jedem Fall. Die St. Eusebius geweihte Kirche wurde mehrmals umgebaut, zuletzt bis 1890. Auch wenn der Glockenturm der älteste Teil ist, ist die Kuppel der beeindruckendste. Von hier aus hat man einen atemberaubenden Blick auf das umliegende Monferrato.

Adresse 60 Via dei Martiri, 15030 Camagna | **Anfahrt** E 70 bis Felizzano, dann über SR 10 der SP 77/50 bis Camagna folgen | **Öffnungszeiten** nur von außen zu besichtigen | **Tipp** In dieser Gegend zu sein, ohne den Wein zu entdecken, ist unmöglich. Im benachbarten Vignale Monferrato besucht man zum Auftakt am besten die regionale Enoteca im sehenswerten Palazzo Calori.

4 Die Villa Pastore

Das Haus der toten Kinder

Auf den Anhöhen über Valenza, zwischen noblen und gepflegten Anwesen, steht die Villa Pastore. Die schmale Straße hinauf, führt rechts, gleich hinter einem Maisfeld, ein fast zugewachsener Weg zu alten Ruinen. Hinter dem rostigen Tor versucht man, sicher durch die Dornen und das Gebüsch zu kommen. Die Türme, Treppen und gebrochenen Mauern dahinter scheinen sich dem Lauf der Zeit entziehen zu wollen. Kalt und feucht, von Fliegen umschwärmt, drängen sie die Natur zur Seite. Noch heute, 130 Jahre nach den letzten Bewohnern, laden sie zum Betreten ein.

Errichtet wurde das Anwesen zwischen 1835 und 45 von Pietro Antonio Pastore. Keine 50 Jahre später flohen die Bewohner plötzlich ohne Rückkehr. Dunkle Mächte sollen es gewesen sein, die erst im Jahr 1873 die zweijährige Tochter Elisa in den Fiebertod trieben, um 10 Jahre später ihren Bruder Giovanni Antonio zu sich zu rufen. An einem stürmischen Abend spielte der kleine Junge in einem der Türme Klavier. Plötzlich brachen die Mauern über dem Kind zusammen und rissen es in den Tod. Im Park findet man einen Obelisken in Erinnerung an das kleine, liebenswerte Mädchen Elisa, errichtet von den zerstörten Eltern. Es heißt, ihr Leichnam ruhe in einem nicht mehr zu findenden Mausoleum. Giovannis Gebeine hingegen sollen in einem geheimen Grab in den mit Wasser vollgelaufenen Kellergewölben liegen.

Noch heute bringen Besucher Geschenke für die Kinder zum Obelisken. Niemand, der hierherkommt, vergisst, Süßigkeiten und Spielzeug darzubringen – oder Strümpfe, um die unschuldigen Seelen zu wärmen. Um die Zeit ihres Geburtstages soll der Geist von Elisa zwischen den kalten Mauern spielen und in so mancher sturmgepeitschten Nacht das Klavierspiel ihres Bruders erklingen. In den 80er Jahren versuchten neue Besitzer diesen Ort wieder bewohnbar zu machen. Doch auch sie flüchteten nach dem ungeklärten Tod mehrerer Arbeiter.

Adresse Strada Doglia S. Zeno, 15048 Valenza | **Anfahrt** E 70, Ausfahrt Alessandria Ovest, dann Straße bis Valenza, dann in Richtung Grava, dann 1. Ausfahrt aus dem 2. Kreisverkehr, Ziel kurz hinter der Abfahrt Strada Cerruti | **Öffnungszeiten** immer geöffnet | **Tipp** In Valenza steht die Kirche Santissima Annunziata, im piemontesischen Barock mit Backsteinfassade gehalten. Unter ihr befindet sich eine Gruft mit den Gebeinen der Nonnen.

5 Die Maison Fournier

Die Tatze des letzten Bären von Ayas

Im Westen des Ayas-Tals liegt einer der beeindruckendsten Orte Italiens: Antagnod – die Altstadt ein wahres Labyrinth, eine Kirche mit wunderschönen Fenstern. Ein ruhiger Ort, der meist über den Wolken liegt. Hier wähnt man einen direkten Zugang ins Himmelreich. Sich um Sünden zu sorgen ist etwas für die Leute unten im Tal. Hier oben waren die Menschen schon immer Rebellen, geprägt von der Freiheit der Berge. Man denke nur an Caterina di Challant, die hier auf Anweisung des Herzogs von Savoyen gesteinigt werden sollte. Sein Vertreter, der Kastellan, scherte sich aber nicht allzu sehr um die Wünsche seines Herrn und ermöglichte ihr die Flucht.

Die Maison Fournier, ehemals befestigtes Eigentum der Grafen von Challant, gehört zu den schönsten Häusern im Aoste. An einen Balken, unter dem von Stützen getragenen Balkon, ist eine Bärentatze genagelt. Diese erzählt von dem letzten Bären des Ayas: An einem Abend im Winter des Jahres 1782 machte sich Matteo Brunod auf den Weg von Champoluc nach Saint Jacques. Er kämpfte sich durch den immer stärker fallenden Schnee, bis sich ihm unweit von Barrères ein Bär von enormer Größe in den Weg stellte. Ohne Waffen unterwegs – gefährliche Tiere gab es hier eigentlich schon lange nicht mehr –, blieben Matteo nur seine Kraft und sein Mut. Beide standen sich gegenüber, sein Atem raste, bis der Bär sich auf ihn stürzte. Die Pranken auf seinen Schultern, riss der Bär sein Maul auf, um Matteos Kopf zu zermalmen. Gegenwärtig warf dieser sich aber zurück, packte den Bären am Hals und drückte mit solcher Kraft zu, bis der Körper des Tieres tot in den Schnee gezwungen war. Als Zeugnis für diese Begebenheit schnitt er ihm zwei Tatzen ab und nagelte sie an sein Haus in Champoluc. Eine dieser Tatzen findet sich noch heute hier, an der Maison Fournier. Matteo wurde schon bald wegen seiner Kraft »Lo Rey« (»Der König«) genannt und die Maison, Auberge de l'Ours.

Adresse 1 Rue de l'Eglise, 11020 Antagnod | **Anfahrt** A 5, Ausfahrt Verrès, dann der Straße durch das Ayas-Tal bis Corbet folgen, dann links nach Antagnod | **Öffnungszeiten** nur von außen zu besichtigen | **Tipp** Der Friedhof neben der Kirche ist einer der höchstgelegenen der Alpen. Auf dem Weg dahin gibt es an den Häuserwänden viele Fresken zu betrachten.

6 Die Römischen Brücken

Die Eselsbrücken von Vervaz

Wenn es den sprichwörtlichen Ort der Idylle der Berge gibt, den man gesehen haben muss, dann ist es die Gegend um die Ponti Romani. Unweit des Ortsteils Vervaz in Challand-Saint-Victor biegt man rechts in eine kleine Straße, die zum Weg wird, ab. Wenn man ihm etwas weiter folgt, stößt man auf die Ruine eines mittelalterlichen Rustico. Aus dem Eingang windet sich ein Baum, um mit seinem Laubdach eine Art Markise zu bilden. Ein wirklich märchenhafter Anblick.

Dann kehrt man um und hält sich bei nächster Gelegenheit links, hinunter zum Flüsschen Évançon. Ein alter steingepflasterter Weg führt über eine geschwungene Brücke, und eine Abzweigung wendet sich einem Steig über ein kleines Rinnsal zu. Hier mag man an die Geschichte vom störrischen Esel und den Eselsbrücken denken. Ein solcher betritt niemals einen Bach, so klein er auch sein mag und so leicht er ihn auch überwinden könnte. Sicherheit geht nun einmal vor, und so bleibt er sprichwörtlich als »störrischer Esel« stehen. Auch auf Brücken tritt er nicht ohne Weiteres, es sei denn, sie scheinen auf fester Erde gebaut zu sein und vermitteln Sicherheit. Aus diesem Grund wurden im Mittelalter oft zwischen hohen Wänden schmale Steige über kleine Gewässer errichtet. Hier eben über das Bächlein und den Évançon, um von der einen Seite des Tals zur anderen zu führen. Diese Bauweise vermittelte wohl den Eindruck römischer Herkunft, daher der Name »Ponti Romani«. Tatsächlich stammen sie wie das Rustico aus dem Mittelalter.

Hinter der Brücke findet sich eine Anzahl von Kaskaden im Fluss. Spektakulär, fast zu einem Halbkreis geformt – ein weiterer Höhepunkt bei diesem Ausflug. Man sitzt gelassen auf den Felsen am Ufer bei einem Picknick, genießt die Abgeschiedenheit der Natur, das Rauschen, das Summen und Zwitschern. Hier ist man für sich, und höchstens ein Hirte kreuzt mit seinem Vieh die Brücken, wie in alter Zeit.

Adresse 11 Vervaz-Portollaz, 11020 Challand-Saint-Victor | **ÖPNV** Autobus vom Bahnhof Verrès nach St. Jacques bis Challand-Saint-Victor | **Öffnungszeiten** nur von außen zu besichtigen, im Winter eventuell nicht bis zum Fluss befahrbar | **Tipp** Unweit von hier findet sich die Locanda ai Ponti Romani. Nicht exklusiv, aber romantisch, mit ein paar Zimmern und typischer Küche.

7 Die Grotte Busserailles

Von Regenbögen in Höhlen und Fabelwesen

Im Valtournenche auf direktem Weg zum Matterhorn (Cervino) liegen die Höhlen von Busserailles. Noch vor dem Lago Bleu findet sich am linken Wegesrand das Restaurant »Lo Gurfo«. Ein paar Autos können hier parken, oder man wandert von einem der nächstgelegenen Orte hierher. Die Küche ist authentisch und lohnt ein Verweilen, um die regionalen Spezialitäten kennenzulernen. Solchermaßen gestärkt, macht man sich auf, die gleich unterhalb gelegenen Höhlen zu entdecken.

Über eine Brücke gelangt man durch den Abgrund in das Innere der Höhle. Durch den letzten der drei Schlunde, die sich nach oben öffnen, stürzt das Wasser herab, zunächst fünf Meter, um sich dann durch eine weitere Öffnung in einen kleinen Höhlensee zu ergießen. Von hier aus bahnt sich der Marmore – im Sommer Bach, zur Schneeschmelze reißender Fluss – seinen Weg. Empfangen wird der Besucher von ächzendem Grollen und Rauschen. An manchen Tagen spritzt Gischt auf und vernebelt die Luft. Von den Wänden, über Jahrtausende vom Wasserlauf geformt, schauen Gesichter und Sagengestalten auf einen hinab. Geschichten von Riesen und anderen Fabelwesen der Berge kommen einem in den Sinn. Zur Mittagszeit, wenn die Sonne senkrecht durch die Öffnungen scheint, verwandelt sich dieser dunkle Ort auf wundersame Weise: Ein Lichtspektakel, wie es wohl einmalig ist, erzeugt hier tief unter der Erde Regenbögen. Die Schlucht, die sonst eher einer dunklen Katakombe gleicht, wird dann ein Ort der Leichtigkeit und Farben. Im Winter, wenn die Gletscher sich ausbreiten und das Wasser zu frieren beginnt, wird der Abgrund zu einer Eishöhle. Kristalle glitzern, wenn das letzte fließende Wasser sich den Weg durch das Eis sucht.

Wieder zurück, sollte man nicht versäumen, ins Tal hinabzusteigen. Dort, wo der Fluss wieder ans Tageslicht tritt, kann man die idyllische Anlage umrunden, gerne aber auch im Tal wandern, bis Crepin und darüber hinaus.

Adresse Localita' Gouffre des Busserailles 1, 11028 Valtournenche | **ÖPNV** Autobus vom Bahnhof Chatillon nach Cervinia bis Gouffre des Busserailles | **Öffnungszeiten** Mo–So 10–18 Uhr, in der Nebensaison anmelden unter Tel. 0039/016692589 oder 0039/3478758310 | **Tipp** Einige Stationen weiter sollte man kurz vor Cervinia am Lago Bleu halten: Im künstlich angelegten azurblauen See spiegelt sich besonders zur späten Nachmittagszeit auf unvergessliche Weise das Matterhorn. Von hier kann man auch bequem bis Cervinia wandern.

8 Das Honighaus

Mou, Imker, Bürgermeister und Wetttrinkkönig

Auf dem Weg durch das Valtournenche-Tal kommt man nicht umhin, am Straßenrand ein kleines leuchtend rotes Gebäude in Form eines Bienenkastens wahrzunehmen. Auf dem Rückweg vom Matterhorn und den vielen auf dem Weg liegenden Entdeckungen sollte man hier noch einmal halten. Es bietet sich die Gelegenheit, den eigenen Vorrat an besonderem Honig aufzustocken.

Früher saß in der hinteren Ecke des winzigen Verkaufsraumes eine gewaltige Mama in ihrer Kittelschürze. Zwischen den Beinen einen Bottich, aus dem sie den Besuchern mit einer Suppenkelle Honig in die mitgebrachten Gläser füllte. Das ist heute leider (oder zum Glück?) anders. Seitdem Mirko Gastaldo Brac den Betrieb übernommen hat, ist hier eine innovative Imkerei zu Hause. Um die 600 Bienenvölker werden auf die besten Standorte über ganz Italien verteilt. Ein ganz besonderes Produkt ist aber der regionale Hochalmenhonig, der ausschließlich auf Lagen in über 2.500 Metern Höhe gesammelt wird. Er wurde wie nur wenige andere von Slow Food erwählt. Beim ausgiebigen Verkosten erfährt man nebenbei, dass die Italiener eine Geschmacksrichtung kennen, von der man außerhalb dieses Landes keine Ahnung hat. Während man einen Löffel Eukalyptushonig in den Mund geschoben bekommt, wird man aufgeklärt, dass dies der typische »Mou«-Geschmack ist. Mou? Irgendetwas wie Kaffee und Milch. Solchermaßen fortgebildet, nimmt man vielleicht noch ein Glas nach Kokos schmeckenden Schafgarbenhonig mit und eine der Herbstsorten von Götterbaum oder Tanne.

Herrlich passt der Name dieser kleinen Siedlung. Bioley, ein Name wie gemacht für die Herkunftsbezeichnung dieser Gläser mit dem goldschimmernden Inhalt. Man verabschiedet sich vom Imker, Bürgermeister und Wetttrinkkönig in Personalunion und sagt: »Auf Wiedersehen.« Alle Ämter übt Segniore Gastaldo Brac aus – quasi zwangsläufig, ist er doch der einzige ständige Bewohner dieser Gegend.

Adresse Dolce Bosco, Frazione Bioley 1, 11028 Valtournenche | **ÖPNV** Autobus vom Bahnhof Chatillon nach Cervinia bis Bioley Bivio | **Öffnungszeiten** Mo–So 8–20 Uhr, in der Nebensaison anmelden unter Tel. 0039/3485224309 | **Tipp** Wenige hundert Meter unterhalb des Casa del Miele findet sich die Cappella di Ussin, die mit ihrer typischen Bemalung einen Blick lohnt.

9__Der Biergarten alla piemontese

Wie die Piemonteser Trüffel genießen

Jahr für Jahr strömen Gourmets aus aller Welt nach Alba. Die Internationale Trüffelmesse öffnet hier seit mehr als 80 Jahren jeweils zwischen Oktober und November ihre Pforten. Für viele Feinschmecker ist es das größte Erlebnis, einmal hier gewesen zu sein. So kommen sie aus ganz Europa, aus Japan und China, Amerika und Australien, selbst aus Südafrika reisen sie an. Es ist ein Erlebnis, das es so nicht noch einmal gibt. Zwischen folkloristischen Events wie der Auszeichnung des besten Trüffelhundes und mittelalterlichen Umzügen gibt es in guten Trüffeljahren ganze Berge der begehrten weißen und schwarzen Knollen – nicht nur ein Geschmacks-, sondern vor allem ein Geruchserlebnis, das man nicht mehr vergisst.

Während viele Besucher hier den Höhepunkt ihrer Piemontreise erleben, ist es für die Einheimischen nur der Auftakt einer Zeit der Genüsse. Fast jeden Tag wird irgendwo ein Markt oder ein Fest zugunsten regionaler Produkte gefeiert. Man lässt den Wein hochleben, aber auch Knoblauch und Maronen, Disteln und Brot und vor allem – Trüffel.

Um diese zu entdecken, macht man sich am besten zu einem der regionalen Trüffelmärkte auf. Zwischen Mitte Oktober und Anfang Dezember bietet sich hier eine Vielzahl von Möglichkeiten. Einen Besuch wert ist vor allem der Markt in Moncalvo. Seit Jahrzehnten wird hier der beste Trüffel zum »Tartufo d'Oro« erkoren. Jeden Tag bietet ein anderes Restaurant das offizielle Trüffelmenü an. Das größte Vergnügen ist es aber, sich mit den Einheimischen etwas unterhalb des Ortes in einen Biergarten *alla piemontese* zu begeben. Anstatt Bier wird hier ordentlicher Wein gereicht, und statt Brezel, Wurst und Schweinshaxe kommen Pasta, Carne Cruda und Spiegelei auf den Pappteller, alles reichlich getrüffelt und zu unglaublich guten Preisen. Am besten tut man es hier den Italienern gleich und redet voller Begeisterung über Liebe und Genuss.

Adresse Piazza Carlo Alberto, 14036 Moncalvo, www.fieradeltartufodimoncalvo.it | **Anfahrt** A 21, Ausfahrt Asti Est, dann die SS 457 bis zum Ziel | **Öffnungszeiten** Mitte Oktober, genaue Daten unter www.fieradeltartufodimoncalvo.it | **Tipp** Im Rathaus kann man eine Originalrechnung einer Trüffelbestellung aus dem Jahre 1594 bestaunen, die die lange Tradition und große Bekanntheit der Trüffel von Moncalvo beweist. Es sind Lieferungen an nahezu alle europäischen Königshäuser belegt – dessen kann sich keine andere Trüffelregion rühmen.

10 Der Ricetto von Candelo

Die Zuflucht der stolzen Menschen vom Lande

Nur wenige Kilometer vor Biella liegt Candelo mit seinem mittelalterlichen Ricetto – einer der schönsten Orte Italiens, vor allem an romantischen Sommerabenden. Zweifelsohne aber ist er einer der ungewöhnlichsten Orte. Ricetto bedeutet »Zuflucht«, und der von Candelo ist eine der wenigen erhaltenen solcher Fluchtburgen. Auf der Burg, die in nahezu originalem Zustand erhalten ist, fühlt man sich an Wochentagen, wenn man diesen Ort scheinbar für sich allein hat, in das 14. Jahrhundert zurückversetzt, als die Bewohner von Candelo aus eigenem Antrieb beschlossen, diesen Ort zu errichten.

Auf einem Feld vor der Stadt umgaben sie eine Fläche von 13.000 Quadratmetern mit einer Mauer und errichteten 157 Gebäude in mehreren Reihen. Die Gassen dazwischen waren so breit, dass ein Fuhrwerk bequem passieren konnte – ideal, um während Friedenszeiten landwirtschaftliche Erzeugnisse zu lagern. Im unteren Stockwerk, feucht und dunkel, den Wein, darüber, trocken und mit einem Balkon versehen, den Weizen. In Kriegszeiten diente die Anlage der Bevölkerung als Zuflucht – gut geschützt, mit Ecktürmen, einem weiten Blick in das Land und nur durch ein einziges Tor zugänglich. So half der Ricetto den Bewohnern mehrmals, sich und ihre Habe zu retten. Dies wird wohl auch ein Grund für den legendären Stolz der Candelesi sein. Nie ließen sie es zu, dass einer ihrer wechselnden Lehnsherren sie zu Knechten machte. Manche von ihnen brachten sie vor die höchsten Gerichte und hatten dort stets das Recht auf ihrer Seite. Während Nachbargemeinden oft unter Willkür und Ausbeutung litten, wuchs der Reichtum und Wohlstand in Candelo – und mit ihm der Ruhm seiner Bürger.

Anders als an Wochentagen füllt sich das Ricetto an Wochenenden mit pulsierendem Leben: Künstler, Handwerker und Boutiquen bieten dann ihre Waren an, Restaurants laden zu regionalen Genüssen ein, und gemeinsam wartet man an der Stadtmauer auf den Sonnenuntergang.

Adresse Piazza Castello, 13878 Candelo | **Anfahrt** A 4, Ausfahrt Carisio, dann der Straße bis Candelo folgen | **Öffnungszeiten** immer geöffnet | **Tipp** Im Barragia-Schutzgebiet liegen die Überreste eines Ortes, der fast eine Legende ist: Ysangarda, einst eine berühmte Siedlung, bewohnt von Kelten und Germanen und sogar von Barbarossa beachtet, birgt unter Sand und Vegetation noch heute verborgene Geheimnisse.

11 Der Cromlech von Cavaglià

Das italienische Stonehenge

Der Name der Stadt Cavaglià lässt auf ihre frühere Bedeutung und die weit zurückreichende Besiedlung dieses Gebietes schließen: Er stammt wahrscheinlich von Cabaliaca und verweist auf eine Raststation zwischen den Tälern Biellas, der Poebene und dem Canavese.

Hier findet sich eine einmalige Anordnung von Menhiren, wie man die Megalithen hier nennt. In Kreisform versammeln sie sich zu einem sogenannten Cromlech. Aus Frankreich und von den britischen Inseln kennt man einige dieser Kultstätten, man denke nur an Stonehenge. In Italien hingegen sind sie eine Seltenheit. Der Steinkreis von Cavaglià gehört mit elf bis über drei Metern hohen Menhiren zu den größten seiner Art. Anhand von Kalkspuren wissen wir, dass sie möglicherweise bereits 5000 v. Chr. errichtet wurden. Damit wäre die Anlage fast doppelt so alt wie Stonehenge. Leider ist es heute schwer, nachzuprüfen, wofür diese Steine einst dienten – waren sie wie in Britannien ein Instrument zur Zeitmessung? War dies ein Versammlungsort oder eine Kultstätte?

In den 70er Jahren entfernte man die Menhire von ihrem ursprünglichen Standort, um Wohnraum zu schaffen. Sie wurden umgeworfen, irgendwo abgelegt oder standen in Gärten herum. Erst 2005 besann man sich auf dieses kulturelle Erbe und errichtete die prähistorische Stätte neu, wenn auch nicht mehr an ihrem ursprünglichen Standort am Fluss Elvo, sondern in der Nähe einer Verkehrsinsel. Zeitzeugen halfen, die Anordnung aus ihrer Erinnerung heraus wiederherzustellen. Eine mögliche Ausrichtung der Menhire am Verlauf der Gestirne, der Sommersonnenwende oder anderer Ereignisse lässt sich dadurch zwar nicht mehr nachvollziehen, beeindruckend sind diese Steine und der damalige Aufwand, sie aufzustellen, aber noch immer. Vielleicht führen die Zeichen und Spuren, die sich noch immer an ihnen finden, irgendwann doch noch zur Aufklärung ihres einstigen Zwecks.

Adresse 30 Via Rondolino, 13881 Cavaglià | **Anfahrt** A 4, Ausfahrt Santhia, dann der SS 143 bis zum ersten Kreisverkehr in Cavaglià folgen | **Öffnungszeiten** nur von außen zu besichtigen | **Tipp** Der Elvo ist seit jeher bekannt für seine Goldvorkommen. Bereits die Römer gründeten am Fluss mit der Siedlung Victimulae ihr »Goldsucherparadies«. Bei einer Wanderung von Vermogno durch das Bessa-Schutzgebiet zum Fluss kommt man an einigen alten Überresten vorbei. Noch heute schürfen hier ambitionierte Hobbysucher nach Gold. Also: die Schürfschüssel nicht vergessen!

12 Der Stein der drei Spiele

Die Spiele der Bergbewohner

An der berühmten Panoramastraße Strada Statale 232 – Panoramica Zegna liegt Forgnengo. Man spaziert durch verwinkelte Gassen, vorbei an einem Bach und steigt ungezählte Treppen auf und ab. Die Häuser und Wege sind aufgeräumt. Beide bestehen aus Steinen in unterschiedlichen Grautönen, und so manches Mal erliegt man einer optischen Täuschung – wo hört das Haus auf, wo fängt die Straße an? Warum kommt hier jemand geradewegs aus einer Hauswand und verschwindet dort auf gerader Strecke einfach so? Ein besonderes Vergnügen ist es, dieses Dorf zusammen mit Freunden zu erkunden. Man versteckt sich unbeabsichtigt in einem fort und freut sich über jedes Wiedersehen. Aber keine Sorge: Die Straße geht stets bergab, und spätestens an ihrem Ende findet man sich wieder, um weiterzufahren.

Aber nicht ohne vorher noch eine Runde zu spielen. Früher kratzten die Bewohner Spielbretter auf die Straße, in die Geländer oder auf die Mauern, um sich an den zumeist eintönigen Tagen die Zeit zu vertreiben. Auch heute noch findet man in Forgnengo noch mindestens elf solcher Gesellschaftsspiele – eine weltweit einmalige Spielesammlung.

Dank der Erinnerungen der älteren Bewohner weiß man bei vielen noch, wie man sie benutzt. Auf der Piazza del Gioco del'Orso liegt vor einem Haus ein als Bank genutzter Stein, den man »Pietra dei tre giochi« (»Stein der drei Spiele«) nennt. Man kann sich gerne selbst an den drei hier eingravierten Spielfeldern versuchen. Da ist zum einen das nur hier bekannte »Spiel des Bären«, das auf einer lokalen Legende über einen Jungen und einen Bären basiert. Das Kreuz ist das Spielfeld für die »Giochi fox« – in der Mitte jagt der Fuchs, drum herum versuchen die Gänse zu flüchten. Das quadratische Spielfeld hingegen findet sich häufiger hier im Ort. Es ist eine Abwandlung des in vielen Mittelmeerländern beliebten Alquerque, dem Vorläufer des Damespiels.

Adresse Forgnengo, 13812 Campiglia Cervo | **Anfahrt** A 4, Ausfahrt Carisio, der Straße bis Biella folgen, auf die SP 100, bei Valmosca rechts auf die Panoramica Zegna bis zum Ziel | **Öffnungszeiten** immer zugänglich | **Tipp** Der Straße weiter folgend, kommt man in die Oasi Zegna, eine Bergregion, die der Textilunternehmer Ermenegildo Zegna mit 500.000 Bäumen, Rhododendren und Hortensien aufforsten ließ. Besonders zur Rhododendronblüte im Mai sehenswert.

13_Das gotische Rosazza

Die okkulte Stadt im Tal der Hirsche

Das Vale Cervo, das »Tal der Hirsche«, zieht sich eng am gleichnamigen Fluss entlang. An seinem Ende befindet sich das heute fast verlassene Rosazza. Wirkt die ganze Gegend schon geheimnisvoll, ist dieser Ort das Zentrum des Wundersamen.

Sein heutiges Erscheinungsbild entspringt dem Willen des Okkultisten und Freimaurers Federico Rosazza Pistolet. Hier am 4. März 1813 in eine bedeutende Familie hineingeboren, begann er seine Ausbildung in kirchlicher Obhut. Mit 15 Jahren bat er um den Einstieg in das Baugeschäft seines Vaters in Genua. Dort trat er der Schule der Somasker-Mönche bei, erlangte dann jedoch einen Universitätsabschluss in Jura.

Nach dem vorzeitigen Tod seiner Frau und Tochter entschloss er sich heimzukehren. Hier widmete er sich dem philanthropischen Um- und Ausbau der Stadt, und in enger Partnerschaft mit seinem Freund, dem Architekten Giuseppe Maffei, machte er sich daran, etwas nie Dagewesenes zu schaffen. Beide Freimaurer, dem Okkulten und der Alchemie verbunden, verwandelten sie den Ort in eine ganz eigene neugotische Welt. Der Friedhof wurde an den Fluss verlegt und monumental ausgebaut. An seiner früheren Stelle wurde eine Kirche errichtet, an deren Decke die Milchstraße gemalt ist. Die Wände sind mit geheimnisvollen Symbolen versehen, unter anderem mit einer Swastika und Sternen. Das Rathaus ist nicht weniger wundersam. Auf dem Platz zwischen beiden rankt eine ganz sonderbare steinerne »Vegetation«. Die Wasserversorgung wurde ausgebaut und mehrere Brunnen angelegt, stets mit Rosen und Sternen verziert. Tunnel wurden durch die Berge gegraben, um den Ort besser anzubinden. Von Umberto I. 1892 zum Senator des Königreichs Italien ernannt, starb Pistolet keine sieben Jahre später, jedoch nicht ohne als Finale noch in seinem Todesjahr das Schloss zu vollenden. Antiken Ruinen nachempfunden, ist es mit einem Tor versehen, aus dem sich Frauenköpfe mit gequältem Blick winden.

Adresse 13815 Rosazza | **Anfahrt** A 4, Ausfahrt Carisio, der Straße bis Biella folgen, auf der SP 100 bis zum Ziel, Parkplatz in Richtung Ortsausgang | **Öffnungszeiten** immer zugänglich | **Tipp** Nur etwas weiter talaufwärts liegt am Zusammenfluss von Cervo und Valdescola Montesinaro. Von hier aus kann man über einen gut markierten Fußweg den 2.556 Meter hohen Monte Bo erreichen. Da er die umliegenden Berge weit überragt, hat man von hier einen spektakulären Alpenblick.

14 Das Monument für Pietro Micca

Der Held der Schlacht von Turin

Jeder Krieg hat seinen Helden, und ohne den Helden dieser Geschichte gäbe es heute kein Italien. Als Karl II. von Habsburg, König von Spanien, starb, hinterließ er keine Nachkommen. Thronstreitigkeiten führten zum Krieg zwischen dem Kaiser des Heiligen Römischen Reiches, Joseph I., und Philipp V., König von Frankreich. Italien sollte wieder Schauplatz für eine bevorstehende Schlacht werden. Savoyen hatte von den Franzosen nicht viel zu erwarten und setzte alles auf eine Karte. An der Seite des Kaisers kämpfte es um die Königswürde. Bei einer Niederlage wäre alles verloren gewesen.

Die Franzosen nahmen bald die wichtigsten Städte des Piemont ein. Herzog Viktor Amadeus II. musste sich 1706 nach Turin zurückziehen. In der Nacht zum 30. August drangen die Franzosen auch hier durch einen unterirdischen Minengang in die Zitadelle ein. Dieser wurde nur von dem jungen Soldaten Pietro Micca und seinem Kameraden bewacht. Ihnen war klar, dass sie nicht standhalten würden, also beschlossen sie, ein Pulverfass zu zünden, um den Gang zum Einsturz zu bringen. Da sie keine Zündschnur hatten, schickte Pietro seinen Kameraden fort und entzündete das Pulver von Hand. Er starb, doch Turin hatte Zeit, auf das Eintreffen Prinz Eugens zu warten. Das Blatt wendete sich, die Franzosen mussten das Piemont verlassen, und die Savoyer gewannen Sardinien und die Königswürde.

Bis heute wird Pietro Micca für seinen Mut gerühmt. Seine Heimatstadt Sagliano trägt stolz den Zusatz »Micca« und errichtete ihm ein großes Monument nach einem Entwurf von Maffei, der auch für den Umbau des nahen Rosazza verantwortlich zeichnete. Am 29. August 1880 wurde es von König Umberto I. eingeweiht. Ein Relief aus weißem Carrara-Marmor zeigt den Helden bei seiner Tat, und der Turm, geschmückt mit Kanonen aus dem königlichen Arsenal, ist vom italienischen Stern gekrönt.

Adresse 1 Via Roma, 13816 Sagliano Micca | Anfahrt A 4, Ausfahrt Carisio, der Straße bis Biella folgen, auf die SP 100 bis zum Ziel | Öffnungszeiten nur von außen zu besichtigen | Tipp In der Via Roma 8 findet sich das bescheidene Geburtshaus von Pietro Micca. Eingerichtet mit den originalen Möbeln, vielen auch kuriosen Relikten und einem Register voll illustrer Namen, von Umberto I. bis Giuseppe Garibaldi, die kamen, um den Helden zu ehren.

15 Das Arione

Von Hemingway, Mastroianni und süßen Verführungen

An der Ecke Via Nizza/Piazza Galimberti befindet sich eines der berühmten »Historischen Lokale Italiens«, das Arione. Mit dem San Carlo und dem Fiorio in Turin gehört es zu den Häusern aus der Zeit der »grands cafés«. Hier wird die Patisseriekunst noch mit Aufwand zelebriert, und der Service ist klassisch und zuvorkommend. Wer die Szenerie auf der Piazza durch die Fenster beobachtet, kann vergessen, wo drinnen ist und wo draußen. Aber es ist mehr als Müßiggang, dem man sich hier hingibt. Es sind auch die Geschichten, derentwegen man an diesen Ort kommt – und das Geheimnis der Cuneesi al Rhum.

Andrea Arione, Großvater des heutigen Inhabers gleichen Namens, war nach dem Ersten Weltkrieg Patissier in Turin. Hier lernte er Rosa kennen, seine große Liebe. Nach der Heirat eröffnete er 1923 ein eigenes Café in Cuneo. Seiner Frau widmete er eine Köstlichkeit, die wie keine andere zum Symbol der Stadt wurde: ein Meisterwerk der Chocolatierkunst, das Cuneesi al Rhum. Eine Praline mit Rum, eingelegt in Baiser und umhüllt von schwarzem Fondant. Sie wurde so berühmt, dass sie oft kopiert wurde und heute in allen erdenklichen Varianten erhältlich ist. Doch das Original findet man nach wie vor nur bei Arione. Dort wird es von Hand hergestellt und am besten frisch genossen.

Der internationale Ruhm begann am 8. Mai 1954: Ein älterer Herr kehrte bei Arione ein und erwarb zwei Schachteln Cuneesi al Rhum. Wie sich herausstellte, handelte es sich um Ernest Hemingway. Auf Empfehlung seines Verlegers hielt er hier am Ende seiner letzten Italienreise. Zurück an der Côte d'Azur, wollte er seine Frau Mary mit dem Mitgebrachten verführen.

Das ist nur eine Geschichte, die das Lokal erlebt hat; hinten rechts in der Ecke kann man auf dem Stuhl von Marcello Mastroianni Platz nehmen. Oder probieren Sie die verführerischen Meringa di Arione wie einst der Künstler Michelangelo Pistoletto.

Adresse 14 Piazza Galimberti, 12100 Cuneo | ÖPNV Bus 15 bis Banca | Öffnungszeiten Mo–So 8–20 Uhr | Tipp Schauen Sie sich unbedingt die alten Fotos an. Auf einem sehen Sie Hemingway und neben ihm einen verschmitzt lächelnden Mann. Dass er neben Hemingway stand, merkte er gar nicht, aber die Fotografie war noch so neu, dass er unbedingt mit auf ein Foto wollte – eine der ersten »photobombs«.

16 Der Bahnhofsleuchtturm

In 80 Tagen bis zum Himmel

Der Bahnhof von Cuneo ist an sich bereits eine Sehenswürdigkeit. Den Hang zum Sturatal hinab befinden sich auf verschiedenen Ebenen die Bahnsteige des bereits 1912 geplanten Gebäudes. Wenn man dann vor ihm auf den Freiheitsplatz tritt, sieht man in der Mitte eine die Umgebung überragende Betonnadel, von den Cunesern humorvoll »Faro della stazione« (»Bahnhofsleuchtturm«) genannt.

Vor Eröffnung des Bahnhofes 1937 vergaß man einen Beleuchtungsplan für die vorgelagerte »Piazzale della Libertà«. Kurzfristig entschloss man sich, einen Entwurf von Cesare Vinaj umzusetzen. Eine auf einem Turm aufgesetzte Plattform mit Lichtanlagen sollte für die nötige Beleuchtung sorgen. Der »Leuchtturm« wurde errichtet, und in heute noch nicht allzu ernst gemeinter Ehrfurcht lobt man, dass es nur 80 Tagen brauchte, die 54 Meter Beton gen Himmel zu bauen. Nachdem man geschafft hatte, bis in die Wolken zu kommen, brauchte es noch ein halbes Jahr, bis das Werk vollendet wurde. Im Frühjahr 1938 wurde dann der achteckige Brunnen am Sockel der Säule fertiggestellt. Heute präsentiert sich die Anlage inmitten einer grünen Verkehrsinsel als kleiner Park. Hier befindet sich neben weiteren Installationen auch eine Büste Giovanni Giolittis von G. B. Alloati. Der in der Gegend geborene mehrfache Ministerpräsident Italiens gilt als Vater der Industrialisierung.

Der Brunnen ist ein Highlight, wenn er während des Jahres immer wieder in wechselnden Farben erstrahlt: zum Nationalfeiertag in den italienischen Farben, zum französischen in der Tricolore, während einer Etappe der Tour de France in Gelb oder im Oktober in Rosa, während der Brustkrebskampagne »Nastro Rosa«. Einen ganz anderen Eindruck vermittelt das Ensemble im Winter. Wenn das Wasser der Fontänen durch das Eis bricht, erstrahlen die Kristalle im Licht der Säule. Der Bahnhofsvorplatz wird dann zu einem der sehenswertesten Orte der Stadt.

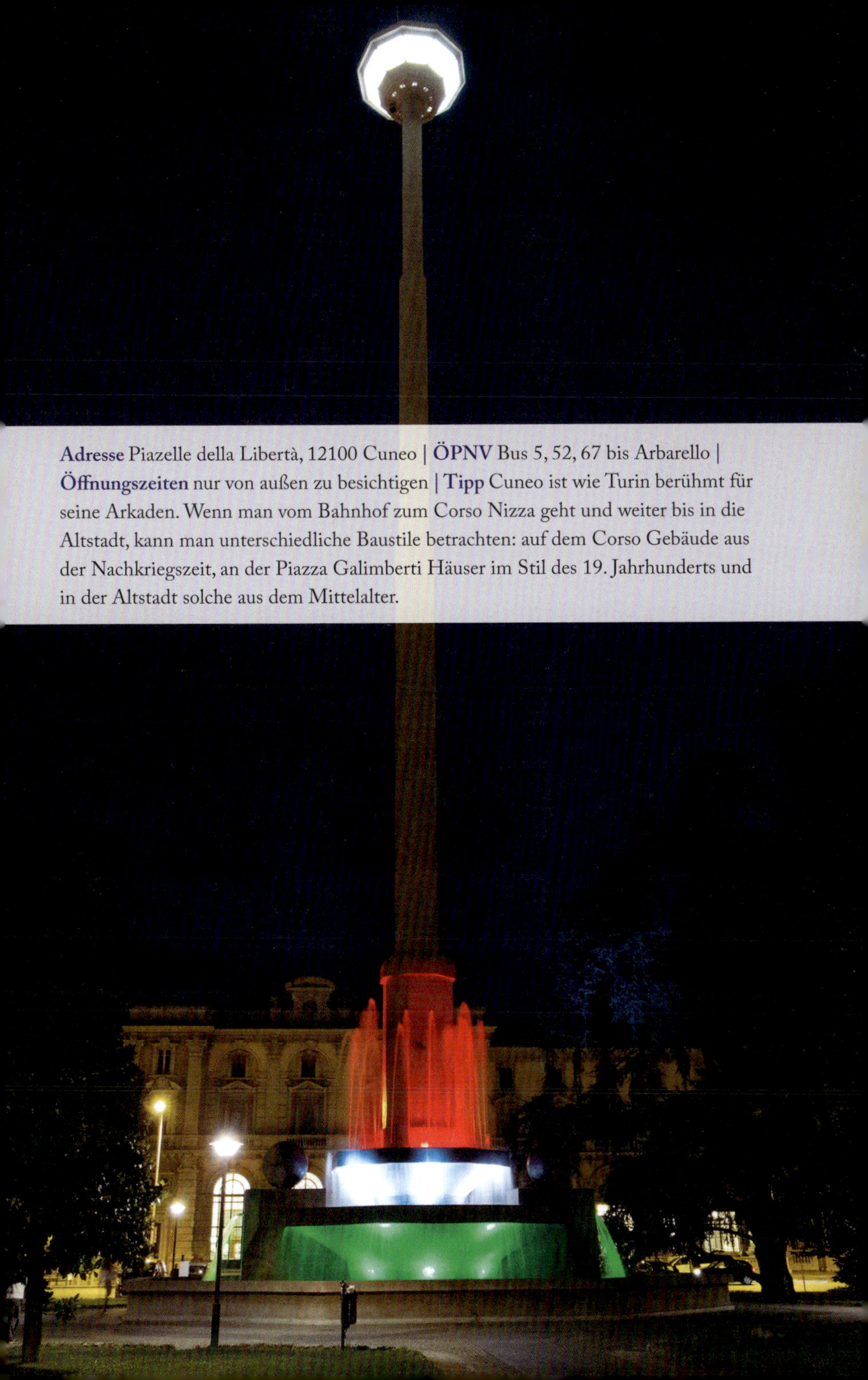

Adresse Piazelle della Libertà, 12100 Cuneo | **ÖPNV** Bus 5, 52, 67 bis Arbarello | **Öffnungszeiten** nur von außen zu besichtigen | **Tipp** Cuneo ist wie Turin berühmt für seine Arkaden. Wenn man vom Bahnhof zum Corso Nizza geht und weiter bis in die Altstadt, kann man unterschiedliche Baustile betrachten: auf dem Corso Gebäude aus der Nachkriegszeit, an der Piazza Galimberti Häuser im Stil des 19. Jahrhunderts und in der Altstadt solche aus dem Mittelalter.

17 Bove's 1929

Mit »Meat & Coffee« für den Geschmack

Wenn sich die Enkel von Italiens großem Fleischer Martini aufmachen, ein eigenes Projekt zu starten, kann dabei nur etwas Außergewöhnliches herauskommen. Diego und Andrea Pirotti erzählen in ihrem Restaurant eine große Geschichte von außergewöhnlichen Produkten, von Erinnerungen und einer Familientradition, die mit einem großartigen Genusserlebnis verbunden ist.

In einem Eckhaus in Cuneos schöner Altstadt tritt man in ein Lokal, wie man es hier nicht erwartet. Der Fußboden, die Wände und das Interieur erzählen von der Zeit, als die Enkel des Schlachters noch selbst in die bürgerlichen Häuser von Cuneo und Turin lieferten. Verzierte Fliesen, rot gekachelte Wände, dunkles Holz, ein Stil durchdacht bis in das Bad. An den Wänden hängen Bilder im Stil des Nature Morte, die jedes eine kuriose Geschichte erzählen.

Das Motto »Meat & Coffee« steht nicht unbedingt für ein Café und Restaurant, wie man eine solche Kombination heute recht oft findet. Es soll ausdrücken, dass man an diesem Ort ungezwungen Gast sein kann. So eine Location würde man in Italien nicht erwarten, und schon gar nicht in der piemontesischen Provinz.

Wenn man an der Bar vorbeigeht, wird einem bewusst, dass hier etwas Besonderes auf die Teller kommt. Die Küche glänzt hinter einer großen Glaswand, und darin wird gearbeitet – und wie! Alles ist frisch, bis zur letzten Zutat. Es werden – für Italien noch immer ungewöhnlich – Burger von großartiger Qualität gereicht, aber auch neu interpretierte Klassiker wie das Filet con osso. Das Fleisch (und da kommen wir zu dem, was einen Besuch zur Pflicht macht) kommt aus dem Familienbetrieb Martini. Um in den Genuss dessen zu kommen, muss man sonst berühmte Restaurants in Mailand, Rom oder Florenz besuchen, mit dem entsprechenden Aufwand. Hier ist es nicht nur ein unbeschwerter Genuss, auch kann man nicht näher an diesen großartigen Produkten sein.

Adresse 2b Via Dronero, 12100 Cuneo | ÖPNV Bus 3, 11, 12, 15 bis Foro Boario | Öffnungszeiten Mo–So 12–15 Uhr und 18.30–0 Uhr, Mi geschlossen | Tipp Während der jüngsten Renovierungsarbeiten sind an den Häusern Cuneos alte Fresken wiederentdeckt worden. Viele von ihnen wurden in Teilen aufwendig restauriert und bieten beim Spazieren durch die Altstadt spannende Entdeckungen.

18 Der Soleri-Viadukt

Das Wunder über der Stura

Eines der zweifellos kühnsten architektonischen Meisterwerke Europas befindet sich ebenso unerwartet wie unbeachtet in der piemontesischen Provinz. Bevor man nach Cuneo einfährt, überquert man das tiefe Tal der Stura. Für Jahrhunderte setzte dies erhebliche Anstrengungen voraus. Heute nutzt man ein Bauwerk von beachtlichem Ausmaß, den Viadotto Soleri. In der Form eines Viadukts überspannen 34 gewaltige Bögen im Abstand von 25 Metern das Tal. Über zwei Ebenen haben unten der Bahnverkehr und oben Autos direkten Zugang zur Stadt. Kurz vor der Einfahrt teilt sich die Spur, und die Bahnstrecke schert aus in Richtung Bahnhof. Eine Gesamtfahrlänge von 768 Metern auf der Autospur und 858 Metern auf der Bahnstrecke versetzt den Reisenden in einer Höhe von fast 50 Metern in wahres Erstaunen.

Der bei Cuneo geborene Ministerpräsident Giovanni Gioletti trieb das Bauvorhaben der Strecke nach Nizza ab 1908 voran. Einige Jahre später, am Morgen des 22. September 1913, wurde im Beisein von König Vittorio Emanuele III. der Grundstein gelegt. Doch nicht bedachte Probleme verzögerten die Errichtung. Ein Rückschlag war neben dem Ausbruch des Ersten Weltkriegs und später des Äthiopienkriegs mit den damit einhergehenden Finanzproblemen der Einsturz eines Pfeilers im Juni 1930. Dieser kostete 11 Arbeiter das Leben. Im Jahr 1933 konnte dann die Straße und 1937 die Eisenbahnstrecke zur Nutzung freigegeben werden. Beim Rückzug der deutschen Soldaten 1945 entging das Bauwerk nur seiner Größe wegen der vollständigen Zerstörung. Die Nazis konnten lediglich drei Bögen zum Einsturz bringen. Die Restaurierungsarbeiten wurden 1948 abgeschlossen, und der »Grande Viadotto sulla Stura« feierte seine Wiedereröffnung als Soleri-Viadukt. Heute kann man einen Aussichtspunkt auf der Brücke besuchen. Bei klarem Wetter bewundert man hier die höchsten Gipfel der Seealpen und der Cottischen Alpen.

Adresse Viadotto Marcello Soleri, 12100 Cuneo | **ÖPNV** direkt neben dem Bahnhof | **Öffnungszeiten** immer geöffnet | **Tipp** Wenn Sie etwas Zeit mitbringen, nehmen Sie die Treppe am Ende der Via Dronero zu Bellavista. Dann der Borgo Nuovo in Richtung Fluss durch die Natur folgen. Hier erhält man unter dem Viadukt hindurch ungewohnte Eindrücke auf das Monument und die Sandbänke der Stura. Hinter der Fußgängerbrücke Basse Stura kann man sich zum Picknick einfinden.

19 Das Holocaustdenkmal

Jüdische Deportation aus Borgo San Dalmazzo

Vor dem Bahnhof in Borgo San Dalmazzo erinnert ein Denkmal an die Deportation von 355 jüdischen Flüchtlingen nach Auschwitz und Buchenwald. Nach mehrmonatiger Haft im nahe gelegenen Konzentrationslager startete eine Reise, die nur 20 von ihnen überlebten. Zusammengepfercht in Viehwaggons wurden sie über Drancy und Fossoli ihrer Vernichtung zugeführt. Einige dieser Waggons mahnen hier heute die Abgründe an, zu denen Menschen fähig sind. Auf dem Platz davor sind die Namen der Deportierten aufgelistet. Die der wenigen Überlebenden stehen aufrecht als lebendige Zeugen.

Dass es sich bei allen Opfern um Juden aus dem Ausland handelt, so aus Frankreich, Belgien und auch aus Deutschland, ist ein Hinweis auf die damaligen Zustände: Noch 1938 verkündete das faschistische Außenministerium in Rom, dass es in Italien keine antisemitischen Probleme gebe. Infolge der Achsenpolitik wurden zwar auch in Italien Rassengesetze eingeführt, aber das Land selbst wie auch die von ihm besetzten Gebiete waren weiterhin Zufluchtsorte für Tausende Juden aus ganz Europa. Der Schutz des italienischen Staates brach erst mit der deutschen Besetzung weg. Während nur weniger Tage wurde die Ermordung und Deportation der Juden in Italien geplant. Dass diese Planungen nicht in vollem Umfang ausgeführt werden konnten, lag am Widerstand vieler Italiener.

Zwar wurden unzählige aus anderen Gegenden Europas nach Italien geflüchtete Juden schließlich deportiert. Doch viele einheimische Juden konnten auf ihre Nachbarschaft setzen, sich in Kirchen verstecken oder bei Partisanen Zuflucht finden. Selbst ein Kopfgeld führte nicht dazu, dass versteckte Juden massenhaft verraten wurden. So beschwerte sich Herbert Kappler, verantwortlich für die Deportation in Rom: »Nicht einmal bei überzeugten Faschisten fand man Unterstützung.« Er konnte zwar mehr als 1.000 Personen deportieren, geplant aber war ein Vielfaches davon.

Adresse Lugo dell'Olocausto, 17a Corso Nizza, 12011 Borgo San Dalmazzo | **Anfahrt** A 6, Ausfahrt Cuneo, dann A 33, Ausfahrt Cuneo Est, dann bis Ziel | **Öffnungszeiten** nur von außen zu besichtigen | **Tipp** Von hier lohnt sich der Besuch von Mondovi, einer Stadt voller Attraktionen und Legenden. Hier hat beispielsweise das Märchen von Rapunzel seine Wurzeln, im Turm an der Piazza Gherbiana soll die schöne Prinzessin gefangen gewesen sein.

20 Sant'Anna di Vinadio

Das höchstgelegene Heiligtum Europas

Während die Seealpen auf ihrer französischen Seite zu einer der beliebtesten Urlaubsregionen geworden sind, sind sie in Italien eine der am wenigsten erschlossenen. Sie liegen am äußersten Ende des Landes, und bis heute interessiert man sich nicht wirklich für sie. Was für ein Glück, könnte man meinen, denn so findet sich eine Natur und Einsamkeit, wie sie sonst in den Alpen nirgends mehr anzutreffen ist.

Ein ganz besonderer Ausflug ist der zum Heiligtum von Sant'Anna di Vinadio. Auf 2.035 Metern ist es das höchstgelegene Heiligtum in Europa. Man fährt unzählige Serpentinen empor, und neben der Straße geht es oft steil bergab. Zumindest gibt es seit der Nachkriegszeit überhaupt eine befestigte Straße! Im Herbst findet man hier Pilze und Beeren, wandert zu einem der nahe gelegenen Bergseen und freut sich auf die Rückkehr im nächsten Jahr. Spektakulär ist die Reise hierher dann im Frühjahr, wenn die Gletscher noch so weit hinabreichen, dass die Straße zwischen ihnen freigefräst werden muss. Ist man im Hochtal angekommen, blüht der Enzian, schauen die Murmeltiere aus ihren Löchern und fließt das Wasser im Bach schnell und klar. Im Sommer kann man sich hier von der Hitze in den Tälern und Städten erholen. Jedoch sollte man möglichst die Tage um den 26. Juli auslassen. Dann pilgern unzählige Gläubige herauf, um den Tag der Schutzpatronin des Heiligtums zu feiern.

Auf einem Felsen, dem »Roccia dell'Apparizione«, der etwa 700 Meter vor der Kirche liegt, steht die Statue der heiligen Anna mit der Jungfrau Maria. Es heißt, diese habe einer Schäferin aufgetragen, hier eine Kirche zu Ehren ihrer Eltern zu errichten. Die Anlage geht zurück auf das 14. Jahrhundert, die heutige Kirche wurde 1680 gebaut und ist noch immer Zentrum des religiösen Lebens der Region. In der angeschlossenen Herberge findet man Unterkunft, wenn man ein paar Tage in den Seealpen verbringen will.

Adresse Santuario, Frazione Sant' Anna, 12010 Vinadio | **Anfahrt** A 33 bis Cuneo, dann E 74 bis Borgo San Dalmazzo, dann die SS 21, hinter Vinadio die erste Brücke über den Fluss, der Passstraße SP 255 bis zum Ziel folgen | **Öffnungszeiten** während der Wintermonate Zugang nicht möglich, sonst immer geöffnet | **Tipp** Über die letzte Abzweigung vor dem Heiligtum erreicht man eine kleine Käserei. Während der Saison kann man hier köstlichen Bergkäse erstehen. Derselbe Weg führt auch zu den forellenreichen Seen, im Frühsommer eingebettet in blühenden Rhododendron.

21__Die Haustüren in Chianale

Bauregister, genealogische Notizen, Segenswünsche

Hoch in den Cottischen Alpen liegt Chianale, als letzter Ort an der alten Salzstraße vor der Grenze nach Frankreich. Umgeben von großen Pinienwäldern, war man hier, in absoluter Abgeschiedenheit, nur selten den Wirren der Zeit ausgeliefert. Die okzitanische Kultur ist noch allgegenwärtig mit ihrer Sprache, ihren Brauchtümern und ihrem ungewohnten Klang. Dunkle Steine stapeln sich zu Häusern, die Schwalbennestern gleich an den Hängen kleben. Dazwischen eine Brücke, die den Varaita überspannt, mit einer Kirche zu jeder Seite. Ein paar Fresken und Sonnenuhren bringen Abwechslung ins allgegenwärtige Grau. Man könnte meinen, diese Gegend habe nur wenig zu bieten, und doch ist sie von einer ganz eigenen Schönheit. Im Frühjahr blühen die Wiesen, im Sommer gleicht der Himmel dem Meer, der lange Herbst mit seinen bunten Farben lässt den Winter sein Weiß auftragen. Auch das macht Chianale zu einem der schönsten Orte Italiens.

Es lohnt sich, genau hinzuschauen. Wie sonst nur im deutschsprachigen Raum findet sich hier eine lange Tradition der Hausinschriften, in einmaliger Vielfalt. Auf den Türbalken stehen Zeichen, Namen und Daten. Sie weisen oft auf das Baujahr und den ersten Bauherren hin. Die Ornamente, die wir vielleicht nur als Zierde wahrnehmen, hatten eine tiefere Bedeutung. Noch heute hängt man Bergsträucher an die Pforten, die Glück bringen sollen, genau wie die einfachen Schnitzereien. Auf einigen Türen finden sich besonders aufwendige, sie gleichen genealogischen Notizen und nennen die Eigentümer der Häuser über mehrere Jahrhunderte hinweg. Sie erzählen von baulichen Veränderungen, Sehnsüchten, Wünschen, Erfolgen und Niederlagen. Viele Abkürzungen erscheinen uns heute unverständlich. Für die Menschen damals jedoch war ihre Bedeutung klar. Eine Herausforderung, die uns heute, wenn wir sie bewältigen, einen Blick ins Leben der einfachen Leute ermöglicht.

Adresse Haus Nummer 86, 12020 Chianale | **Anfahrt** A 6, Ausfahrt Marene, dann in Richtung Valle Varaita, im Ort die Brücke über den Fluss und die Gasse links neben der Kirche nehmen | **Öffnungszeiten** nur von außen zu besichtigen | **Tipp** Oben auf der Empore der barocken Kirche finden sich noch originale Kirchbänke mit vielfältigen Inschriften, die auf die Sitzordnung hinweisen.

22 Das Leprosorium

Der Spendenkasten für die lebenden Toten

Chianale ist heute einer der schönsten Orte Italiens, früher war er lediglich einer der abgelegensten. Fern der Zivilisation führte hier immerhin ein viel benutzter Pass über die Seealpen. Solche Orte wurden oft für die Einrichtung von Lepra-Kolonien, sogenannten Leprosorien, genutzt. Die isolierte Lage hielt die Kranken fern der Städte, die Nähe zu Pilgerstätten oder wie hier wichtigen Straßen ermöglichte es ihnen jedoch, zu betteln. Die Mildtätigkeit anderer war für die Aussätzigen oft die einzige Möglichkeit, zu überleben.

Heute können wir es nicht mehr mit Sicherheit sagen, aber es ist wahrscheinlich, dass das Haus mit der Nummer 92 ein ebensolches Leprosorium war. Einige Besonderheiten an der Fassade weisen darauf hin, so finden wir in der Wand eine seltsame Öffnung, in der Mitte steckt eine Steinplatte mit einem Loch und den Buchstaben I. M., der klassischen Abkürzung für das lateinische »in memoriam« (»zum Gedenken«). Da Leprakranke bereits für tot galten, wurden Spenden für sie oft »in memoriam« geleistet und galten dennoch ihrer Versorgung. Unter der Steinplatte war demnach ein Kästchen eingelassen, und durch die Öffnung warf man die Münzen.

Es gibt noch einen weiteren Hinweis, der für ein Leprosorium spricht: Neben dem Eingang stehen die Zahlen 18.7 – es wäre nicht unüblich, wenn dies auf eine Bibelstelle verweist. Um festzustellen, um welche Bibelstelle es sich handelt, muss man wissen, wie man die Erkrankten damals wahrnahm: Sie galten als schuldhaft, und der Aussatz galt als göttliche Strafe für begangene Sünden. Und in Lukas 18.7 lesen wir: »Sollte Gott aber nicht die retten, die Tag und Nacht zu ihm rufen?« Ein weiterer Hinweis auf die Identität der Bewohner dieses Hauses – wenn sie nur ständig um Vergebung bitten und den Herrn preisen, wird er sie »retten«. Leider ist ein Großteil der Wand neu verputzt, und so sind wir auf diese wenigen Spuren angewiesen.

Adresse Haus Nummer 92, 12020 Chianale | **Anfahrt** A 6, Ausfahrt Marene, dann in Richtung Valle Varaita, im Ort die Brücke über den Fluss und die Gasse links neben der Kirche nehmen | **Öffnungszeiten** nur von außen zu besichtigen | **Tipp** Von hier erreicht man leicht die Seitentäler, in welchen noch viele Beispiele okzitanischer Kultur zu finden sind. Die auffälligsten sind die unzähligen Sonnenuhren, die sich allerorten finden.

23 La Polenteria

Polenta die Erste, die Zweite und die Dritte

Mitten in Chianale findet sich eine auf das Originalste restaurierte Berghütte mit einem für die Enge der Gegend geradezu großzügigen Hof, der zur blumengeschmückten Terrasse geworden ist. Ein weiter Blick auf die Berge lädt in den Wintergarten, dahinter, im Inneren, sitzt man im ursprünglichen Ambiente in drei kleinen Räumen; von den Decken hängen Polentatöpfe, Werkzeuge und Materialien, die einen Einblick ins Leben dieser Gegend bieten. Die Atmosphäre prägen Piera und Pietro, die hier ein einmaliges Restaurant betreiben. Man sagt, die Bergbewohner seien rau und unfreundlich. Rau mag wohl stimmen, aber mit der Freundlichkeit ist es nur eine andere Art einfach, warm und original wie die Speisen und dabei von einer geradezu stoisch-kompromisslosen Qualität. Hier wird mit saisonalen und regionalen Produkten und Bio-Mehl gearbeitet, mit Wild und Käse.

Im Mittelpunkt steht die Polenta, die wohl traditionellste aller Speisen des Piemont. Man probiert als Vorspeise »Polentine con bagna caôda« und ist damit, zumindest was den Genuss betrifft, Piemonteser.

Bei den Gerichten wählt man gemeinsam und teilt dann. Nicht auslassen sollte man die typische »Polenta concia«, mit Bergkäse gestapelt und dann gebacken. Und auch eine mit Wild, »cervo« (Hirsch) oder »cinghiale« (Wildschwein), gehört zum Pflichtprogramm. Die »Ravioli Val Varaita« bestellen Sie am besten in okzitanischer Sprache als »Ravioli Val Varacha« – mit Käse gefüllte und gewürzte Gnocchi, serviert mit geschmolzener Butter. Ein altes, dieser Kultur verhaftetes Rezept, das man so zubereitet nur noch selten findet. Den Abschluss bilden die hausgemachten Desserts, für die selbst Einheimische manchen Weg auf sich nehmen.

Beim Gehen wünscht man noch freundlich »adieussiatz«. Es kommt von dem französischen »soyez à Dieu« (»geh mit Gott«), und man ist damit quasi adoptiert und immer wieder gerne gesehen im Val Varacha.

Adresse Haus Nr. 70, 12020 Chianale | **Anfahrt** A 6, Ausfahrt Marene, dann in Richtung Valle Varaita, im Ort die Brücke über den Fluss und die Gasse links neben der Kirche nehmen | **Öffnungszeiten** Okt.–April, nicht regelmäßig geöffnet | **Tipp** Auf der gleichen Flussseite am Haus Nummer 17, der »Casa Martinet«, finden Sie Überreste eines calvinistischen Tempels. Hinter einem Balkon versteckt sich im Rundbogen ein Wappen von Frankreich und der Dauphine. Es erzählt von der Zeit, als dies der einzige Ort im Tal war, wo Religionsfreiheit herrschte.

24 Der Prangerstein

Warum man eine Standpauke hält

In Venasca steht gegenüber einer der schönsten Barockkirchen des Piemont, der Chiesa Vergine Assunta, ein seltsam anmutendes Haus. Im lokalen Dialekt wird es »La ca dla Tur« genannt, das »Haus des Turmes«. Es handelt sich dabei um einen herrschaftlichen Bau aus dem 15. Jahrhundert, der verschiedene, teils antike Baustile verbindet. Die Arkaden sind von Steinsäulen mit verzierten Kapitellen gesäumt. An der Ecke sehen wir eine Art Turm, der das Treppenhaus als Wendelstein beherbergt. Die ungewöhnlichste Besonderheit findet sich aber neben einer der Säulen, wo sich heute ein Restaurant befindet: Wie achtlos dahingeworfen liegt ein großer rechteckiger Stein auf dem Boden, der früher einmal eine wichtige Rolle spielte.

In vielen Orten findet man große Steine, von deren Bedeutung man nichts mehr weiß. Einige waren sogenannte »Pietre della Berlina« (»Prangersteine«). An Fest- und Feiertagen wurden kleine Ganoven und Leute, die ihre Schulden nicht beglichen, auf den Marktplatz geführt. Hier wartete der Henker, um ihnen seine Behandlung angedeihen zu lassen. Nun, ganz so schlimm war es nicht, mit dem Tod musste keiner rechnen. Die Umstehenden riefen den Opfern ihre Beschwerden zu – noch heute spricht man davon, dass man jemandem eine »Standpauke« hält. Aber damit nicht genug der Sprichworte: Nach ihrem Eintreffen wurde den Delinquenten vom Henker erst einmal mit kaltem Wasser »der Kopf gewaschen«. An den Stein gefesselt, blieben sie hier, dem Spott und Hohn von Nachbarn und Passanten ausgesetzt. Waren die Schulden hoch oder handelte es sich um einen Wiederholungstäter, wurde der Hosenbund geöffnet, und es wurde mit dem Besen »der blanke Hintern versohlt«. So »zahlte der Stein die Schulden«, und der arme Tropf musste ständig rufen, dass er auf all sein Hab und Gut verzichte. Solchermaßen mittellos und zum Gespött geworden, überlegte man sich den nächsten Fehltritt zweimal.

Adresse 50 Strada Provinciale 8, 12020 Venasca | Anfahrt A 6, Ausfahrt Marene, dann in Richtung Valle Varaita, im Ort die Brücke über den Fluss nehmen und einen Kilometer weiterfahren | Öffnungszeiten nur von außen zu besichtigen | Tipp Ein gut erhaltener Prangerstein findet sich auch in Vinadio im Sturatal. Er liegt dort vor dem Glockenturm der Pfarrkirche.

25 Die Pinocchiobilder

Pinocchios Geschichte an den Wänden von Vernante

»Nenne einem Kinde Pinocchio, und seine dunklen Augen schauen zu dir empor im leuchtenden Glanz der Freude; hast du ihm doch den Namen eines Freundes ausgesprochen« (Anton Grumann 1913 im Vorwort zur deutschen Ausgabe von »Pinocchio«). Vielleicht gibt es keinen anderen Ort im Piemont, der Kinder und Erwachsene zugleich so begeistert wie Vernante. Wenn man hierherkommt, tut sich eine andere Welt auf. Erwachsene werden in die eigene Kindheit entführt, und Kinder erleben in jeder Straße, an jeder Biegung, an jedem Haus ein Abenteuer. Leuchtende Augen sind hier alltäglich.

In diesem kleinen Ort im Val Vermegnagna ließ sich Attilio Mussino 1944 nieder, und hier lebte er bis zu seinem Tod. Er war der bekannteste Illustrator von Carlo Collodis »Pinocchio«. Ganze Generationen wuchsen mit seinen Illustrationen in unzähligen Kinderbüchern auf.

Seine letzten Jahre verbrachte er glücklich mit seiner ehemaligen Haushälterin Margherita Martini und konnte zufrieden noch viele Werke schaffen. Mussino schloss diesen Ort so in sein Herz, dass zwei lokale Künstler zum Andenken an den »Zio di Pinocchio« (»Pinocchios Onkel«), wie man Mussino hier nennt, die Stadt mit Darstellungen aus seinem Werk schmückten. Im Sommer 1954 begannen Bartolomeo Cavallera und Bruno Carletto, genannt »Die Katze und der Fuchs«, mit ihrer Arbeit. Bis heute erzählen sie mit mittlerweile über 150 Zeichnungen und Gemälden an den Hauswänden die vielen Stationen und Abenteuer der kleinen hölzernen Puppe, die so gerne ein richtiger Junge sein wollte.

Im Jahr 2005 eröffnete die Stadt das »Museo Attilio Mussino« in der alten Bruderschaft aus dem 13. Jahrhundert. Hier kann man viele Originale aus dem reichen Schaffen des Illustrators entdecken, gestiftet von Margherita Martini. Zum Abschluss besucht man die Statue eines weinenden Pinocchio, der über der letzten Ruhestätte seines Onkels wacht.

Adresse 12019 Vernante | ÖPNV Regionalzug von Turin nach Nizza via Ventimiglia, Bahnhof Vernante | Öffnungszeiten nur von außen zu besichtigen | Tipp Vernante ist mitten in den maritimen Alpen gelegen – ein idealer Ausgangspunkt für Wintersportler. Im Sommer bieten sich ausgezeichnete Wandermöglichkeiten, so um die Schlossruine »La Turusela«.

26 Der Heilige Berg von Orta

Wie Nietzsche durch Franziskus zu Zarathustra kam

Als kleiner Bruder des Lago Maggiore hat der Ortasee einen besonderen Reiz. Nicht so überlaufen liegt er etwa 15 Kilometer östlich. Über ihm erhebt sich der Sacro Monte di Orta, einer von neun »Heiligen Bergen« Italiens und seit 2003 UNESCO-Weltkulturerbe. Er ist weder der größte noch der älteste, doch er ist der einzige, der nicht das Leben von Jesus erzählt. Sein Thema ist das Leben des einzigen Menschen, dem ein christusgleiches Leben zugeschrieben wird: des heiligen Franz von Assisi. Erbaut von 1591 bis 1795 und danach unverändert, gewährt er kunsthistorisch Einblicke von der Renaissance über den Barock und das Rokoko bis zum Neoklassizismus.

Diesen Ort muss man sprichwörtlich lesen, anstatt ihn nur zu bewandern wie einen hübschen Aussichtspunkt. Beim Durchstreifen der 21 Kapellen, beim Anschauen von 900 Fresken und 376 lebensgroßen Terrakottastatuen begegnet man dem Leben des bedeutendsten aller Heiligen. Auch die Natur ist hier Teil des Erlebens: Sie leitet die Besucher, bietet schattige Plätze zum Verweilen und für die Gedanken, um dann mit atemberaubenden Ausblicken den Geist zu befreien. Diese Erfahrung hat auch einer der großen deutschen Philosophen gemacht, als er sich im Mai 1882 hier aufhielt. Friedrich Nietzsche streifte hier Illusionen ab und begann seinem eigenen Asketismus Ausdruck zu verleihen. Ab dem folgenden Jahr schrieb er sein Hauptwerk »Also sprach Zarathustra«, in dessen Vorwort wir lesen: »In Orta fing es an.«

Wie keine andere verdeutlicht die Kapelle XIII dieses Thema. Während die Hundeszene im Vordergrund Franziskus' Zuneigung zu Tieren zeigt, bleibt er selbst fast verborgen und nackt im Hintergrund. Entblößt lässt er sich von seinen Mitbrüdern an der Leine durch eine Menschenmenge führen. Damals wirkte er wie aus einer anderen Welt. Er, der alles haben konnte, wies mit dieser Geste auf die Bedeutung der Demut hin.

Adresse 5 Via Sacro Monte, 28016 Orta San Giulio | **Anfahrt** A 26, Ausfahrt Borgomanero, dann Straße in Richtung Omegna folgen, in Orta die dritte Ausfahrt aus dem Kreisverkehr nehmen | **Öffnungszeiten** im Sommer 9–18.30 Uhr, im Winter 9–16.30 Uhr | **Tipp** Besuchen Sie die am See gelegene Stadt Orta. Im Stadtteil Legro sind viele Hauswände mit Szenen aus Filmen bemalt, die in der Gegend gedreht wurden. Die vorgelagerte idyllische Insel San Giulio ist von religiösen Bauten geprägt.

27 Der Koloss San Carlo

Eine Freiheitsstatue für religiöse Zwecke

An den Ufern des Lago Maggiore in der Stadt Arona erhebt sich die nach der Statue of Liberty zweitgrößte Bronzestatue der Welt. Die Tatsache, dass sie gute zwei Jahrhunderte älter ist, lässt sie noch beeindruckender erscheinen. Bereits 1624 begann man mit dem erst 1698 abgeschlossenen Bau der Statue Sancarlone, auch genannt »Il Colosso«.

Gewidmet ist sie dem heiligen Carlo Borromeo aus Arona, der bereits in seinen frühen Zwanzigern Kardinal und Erzbischof von Mailand wurde. Berühmt für seine Nächstenliebe, war er in der Welt des 17. Jahrhunderts das, was man heute einen Star nennt. Seine wichtigen Kirchenreformen wirken noch bis heute nach. Hier nahm unter anderem die universitäre Ausbildung der Priester ihren Anfang.

Entworfen von »Il Cerano« (Giovanni Battista Crespi) und ausgeführt von Siro Zanella und Bernado Falconi, ist die Statue insgesamt 35,10 Meter hoch. Um sich die enormen Ausmaße zu verdeutlichen, sollte man sich einige Daten anschauen: Der Daumen mit 1,40 Metern hat die Größe eines Kindes, während der Arm mit 10 Metern so groß ist wie ein mehrstöckiges Haus. Gefertigt aus Kupferplatten, die von Nägeln und Stangen aus Eisen zusammengehalten werden, widersteht der Koloss seit Jahrhunderten den oft starken Winden am See. Dazu beigetragen hat eine besondere Konstruktion des ausgestreckten Armes: Er ist halb flexibel und gibt den einwirkenden Kräften nach.

Damals wie heute kann man im Inneren hinaufsteigen. Zuerst über eine schmale Wendeltreppe, dann über eine Leiter. Gut gelüftet, ist es nicht so unbequem im Kopf, wie man zunächst annehmen mag. Man genießt den Blick aus Carlos Ohren und Augen auf die Landschaft und den See, oder man sitzt fast komfortabel in seinen Wangen, schaut aus seiner Nase hinab auf die unten Gebliebenen und bewundert die Fähigkeiten der Menschen aus dem 17. Jahrhundert.

Adresse 2 Via Verbano, 28041 San Carlo | **Anfahrt** A 26, Ausfahrt Arona, dann bis Arona, links nach San Carlo bis zum Ziel | **Öffnungszeiten** 9–12.20 Uhr und 14–18.15 Uhr, in der 2. Oktoberhälfte nur Sa und So | **Tipp** Gegenüber dem Ausgang liegt das Restaurant Glicine al Lago. Von der Terrasse hat man einen phantastischen Blick über den Lago Maggiore, und die Speisekarte bietet viele regionale Spezialitäten. Highlights in der Saison sind frische Steinpilze und Krebse aus dem See.

28 Die Poesiebäume

Die sprechenden Bäume der Langhe und des Roero

Als Teil des Projekts »Strada Romantica delle Langhe e del Roero« finden sich an verschiedenen Orten die Alberi Parlante: metallene Bäume, die anstatt Blättern Buchseiten tragen. Gedankenverloren pflückt man diese und liest Geschichten aus der Gegend, Poesie von hier oder aus berühmten Werken, die einfach zum Ort passen.

Dass das Piemont ein großes literarisches Erbe hat, steht außer Frage. Der Literaturnobelpreisträger Ernest Hemingway kurierte 1918 in Stresa seine Kriegsverletzungen aus. Das Hotel und die Stadt wurden Schauplatz in seinem Roman »In einem anderen Land«. Viele Jahrzehnte durchreiste er das Piemont, kam aber immer wieder hierher. Nietzsche verliebte sich ganz in der Nähe unsterblich in eine junge Russin. In Turin verbrachte er sein letztes Jahr bei Verstand und verlor diesen über der von ihm empfundenen Schönheit der Stadt. Hier schwärmte er von dem Licht, wollte einen Teil der Stadt einreißen, um »La Mole« Raum zu geben, und lästerte über seine Kollegen, denen er in den hübschen Cafés nicht begegnen wollte. Am Ende starb er irgendwie sogar als Italiener. Sein letztes Ausweisdokument weist ihn als »Torinese« aus. Und Thomas Mann pflegte einen Briefwechsel mit Luigi Einaudi, der uns noch heute erhalten ist.

Vor allen anderen sind die Italiener unvergessen. Da war Emilio Salgari, mit seinem Abenteuerroman »Tiger von Malaysia« so etwas wie der Karl May Italiens, der junge Paolo Giordano, der mit »Die Einsamkeit der Primzahlen« Zeuge des lebendigen literarischen Lebens ist, Hieronymus Vida, der Philosophenbischof von Alba, mit seinem überaus eleganten Werk »Poesie« von 1517 und der unvergessliche Vittorio Alfieri, einer der größten Dramatiker der Aufklärung, sowie viele andere. Die Literatur ist im Piemont von beinahe unerreichter Bedeutung. Selbst die Jüngsten sieht man lesend auf den Treppen und Plätzen sitzen, und man möchte es ihnen gleichtun.

Adresse von Vezza d'Alba bis Camerana | **Öffnungszeiten** immer zugänglich | **Tipp** In Camerana finden Sie die Chiesa SS. Annunziata. Eine interessante Kirche mit einem Altar aus verschiedenfarbigem Marmormosaik. Besonders markant ist ihr ungewöhnlich schiefer Turm.

29 Die Büste von Pertinax

Der Imperator aus Alba

Die Region, die wir heute Langhe nennen, war bereits seit mehr als 200 Jahren römische Provinz, als hier am 1. August 126 n. Chr. Publius Helvius Pertinax das Licht der Welt erblickte. An ihn erinnert eine Büste, deren Kopie auf der nach ihm benannten Piazza Publio Elvio Pertinace in Alba steht. Das Original befindet sich in den Vatikanischen Museen in Rom, wo Pertinax, der Sohn eines freigelassenen Sklaven aus Alba Pompeia, den Zenit der Macht erklomm.

Sein Imperium dauerte nur 87 Tage; es war vielmehr sein gesamtes Leben, das ihn zu einem der bedeutendsten römischen Kaiser machte. Seine Karriere begann er als Lehrer. Dann ging er zum Militär; in Syrien stationiert, lernte er den Schwiegersohn von Mark Aurel kennen, der ihn dem Philosophenkaiser empfahl. Seine Karriere führte ihn in kürzester Zeit durch die gesamte bekannte Welt, er erklomm die höchsten Ämter. Nach dem Tod Mark Aurels kam dessen Sohn Commodus an die Macht. Pertinax musste in seine Heimat zurückkehren und übernahm mit 56 Jahren das väterliche Gut. Er baute es aus und wurde so zum Begründer der ersten bedeutenden Siedlung im Gebiet von Barbaresco.

Wenn man aus Treiso kommt, führt der Weg dahin durch eine Siedlung, die seinen Namen trägt. Hier in der Nähe fand man alte römische Ruinen. Gut möglich, dass es sich um die Überreste des Gasthofes handelt, in dem der Feldherr als Wirt selbst tätig gewesen sein soll.

In Rom unterdessen änderten sich die Machtverhältnisse, und er wurde zurückgerufen. Zum Präfekten ernannt, übernahm er nach dem gewaltsamen Tod des Commodus den Kaiserthron. Die Staatskasse war jedoch durch das ausschweifende Leben seines Vorgängers ruiniert. So konnte er den Prätorianern nicht den versprochenen Lohn zahlen und wurde von ihnen am 8. März 193 n. Chr. erschlagen. Für seine Reformen und seine Bescheidenheit hoch verehrt, wurde Pertinax nach seinem Tod zum Gott erhoben.

Adresse Piazza Publio Elvio Pertinace, 12051 Alba | **Anfahrt** A 33, Ausfahrt Alba, dann ins Stadtzentrum | **Öffnungszeiten** nur von außen zu besichtigen | **Tipp** Am Platz wurden einige antike Ruinen und Bodenfresken gefunden und zugänglich gemacht.

30 Die Einaudi-Bibliothek

Das kleine rote Haus am Fluss

In einem Park am Rande der Altstadt von Dogliani steht ein kleines rotes Gebäude. Es ist nach dem berühmtesten Sohn der Stadt, Luigi Einaudi, benannt. Er war der erste Präsident der Italienischen Republik, seines Zeichens Ökonom und einer der einflussreichsten Verleger Italiens. 1963, zwei Jahre nach seinem Tod, stiftete sein Sohn Giulio der Öffentlichkeit diese Bibliothek. Sie sollte ein Beispiel für eine neue, moderne Interpretation einer Bibliothek sein – kein Elfenbeinturm mehr, in dem man unzeitgemäße Rhetorik pflegte, sondern Ausdruck der jungen Demokratie, offen für alle. Sie wurde von den Doglianern schon bald als Bestandteil des täglichen Lebens angenommen und genutzt.

Das Gebäude an sich ist nicht groß, aber es gelang dem Architekten Bruno Levi, unterstützt von Studio A/Z, den Platz auf die bestmögliche Weise nutzbar zu machen. Die Wände sind aufgebrochen in vertikale Linien, die sich in Stufen anordnen. Das Licht wird indirekt in das Gebäude geleitet – ideal für einen Leseraum und ein guter Schutz für die Bücher. Die Raumaufteilung war für ihre Zeit außergewöhnlich innovativ. Die Wände können so verschoben werden, dass bei optimaler Raumnutzung ein Auditorium für mehr als 80 Besucher entsteht.

Die Bibliothek gehört heute, auch wenn von bescheidener Größe, zu den bedeutendsten weltweit und ist ein bekanntes Beispiel moderner Architektur. Sie ist ein Ort, an dem man fast flanierend der Literatur begegnet. Von Autoren genutzt, um ihre neuen Werke vorzustellen, beherbergt sie bei Workshops und Konferenzen auch internationales Publikum. Trotz der angespannten wirtschaftlichen Lage wurden 2013 Mittel aufgebracht, um das Gebäude zu renovieren. Seitdem erstrahlt es nicht nur wieder fast wie einst, sondern hat auch einen neuen Sprung in die Zukunft gemacht. Das Bestandsverzeichnis ist online gegangen, und viele Werke sind als eBook verfügbar.

Adresse 1 Via Lo Chabar, 12063 Dogliani | **Anfahrt** E 17, Ausfahrt Marena, dann A 33, Ausfahrt Cherasco, in Dogliani hinter der Brücke rechts kurz hinter dem Parkplatz | **Öffnungszeiten** Mo, Mi geschlossen, Di–Sa 15–19 Uhr, Di, Do, So 9–12 Uhr | **Tipp** Auf den Poderi Luigi Einaudi kann man sich davon überzeugen, dass der Namensgeber der Bibliothek auch ein bedeutendes Weingut aufgebaut hat. Mit Voranmeldung kann man hier die Keller besichtigen oder im alten Familienwohnsitz den Urlaub verbringen, Tel. 0039/0173704414.

31 Die Schellino-Tore

Dogliani und seine einzigartige Architektur

Dass Dogliani anders ist, erkennt man schon von Weitem. Im ganzen Piemont gibt es keinen vergleichbaren Ort. Klassizistische Kirchen, neogotische Türme und solche wie aus dem Mittelalter wechseln einander ab. Es war der Autodidakt Giovanni Battista Schellino, der im 19. Jahrhundert seine Stadt in eine Art monumentales Bühnenbild wagnerschen Ausmaßes verwandelte. Er studierte nie Architektur, sondern schloss eine Ausbildung als Vermessungsingenieur ab. Seine außergewöhnliche Arbeitsleistung wurde weithin bewundert. Es hieß, er arbeite von 5 bis 12 Uhr am Morgen und von 14 bis 24 Uhr am Nachmittag und Abend, und dies an allen Tagen der Woche. Am Sonntag aber – und da war er konsequent – widmete er sich nur den kirchlichen Bauten. Wie man erkennen kann, hielt dieses Genie nicht viel von den Regeln seiner Zeit. In extravaganter Manier verband er nahezu alle Stile zu einer aufgeklärten Architektur ohne selbst gesteckte Grenzen.

Seine einzigartige Stadtplanung nennt man heute noch nach ihrem Schöpfer »Schelliniano«. Die Hauptkirche der Stadt, Quirico e Paolo, ist sein größter Bau, der ungewöhnlichste aber ist die Toranlage zum Stadtfriedhof. Zwischen 1855 und 67 errichtete er diese phantasievolle Interpretation des gotischen Stils. Atemberaubende Türme mit scharfen Spitzen ragen empor. Handgefertigte Ziegel in unterschiedlichem Backsteinrot werden von deutlichen Mörtelfugen zusammengehalten. Unterbrochen von unregelmäßig arrangierten Kreuzen und schmiedeeisernen Pforten, wirkt die Toranlage geheimnisvoll, fast mystisch.

Der bescheidene Schellino fand auch selbst hinter den Toren seine letzte Ruhe. Sein Grab befindet sich in der südöstlichen Ecke des Friedhofes. Auf der anderen, der rechten Seite steht das Grabmonument des ersten Präsidenten der Republik Italien, Luigi Einaudi. Man sollte auch dieses Grabmal besuchen, das weitaus aufwendiger als das von »Il Architetto« ist.

Adresse Via Croce, 12063 Dogliani | **Anfahrt** E 17, Ausfahrt Marena, dann A 33, Ausfahrt Cherasco bis Dogliani, vor der Kirche rechts fahren | **Öffnungszeiten** Außenanlage Okt.–März 8–17 Uhr, April–Sept. 8–19 Uhr, Innenräume mit Anmeldung zu besichtigen, Tel. 0039/017370329 | **Tipp** Um die Schellino-Bauten in Dogliani zu entdecken, braucht man einen ganzen Tag. Man sollte sich aber auf keinen Fall das Stadtkrankenhaus entgehen lassen, eines seiner aufwendigsten Werke. Man sieht es von überall in der Stadt, und es wirkt wie eine riesige Palastanlage.

32__Il Torchio

Piemontesisch geht auch anders

In der oberen Altstadt in einem Haus aus dem 17. Jahrhundert findet sich »Il Torchio«. Versteckt hinter einer Straßenbiegung, ist es kaum zu finden, wenn man nicht weiß, wohin man will. Nach eigener Darstellung ist es eine Vineria und Osteria, aber das ist beinahe schon ein vornehmes Understatement. Diese Restauration ist eine der angenehmsten Adressen im Ort. Von der Terrasse aus genießt man den Blick auf die Dächer der Kirchen und Paläste der Stadt. Innen sitzt man unter Gewölbedecken fast in modernem Ambiente.

Hier gibt es keine kleinen, einfachen Speisen wie in den unzähligen (wenn auch meist guten) Osterien. Natürlich wird piemontesisch gekocht, aber in Dogliani hat die Küche eine ganz spezielle Note. Unaufgeregt kommen die Speisen an den Tisch und dabei immer ein wenig raffiniert. Man traut sich sogar, mit Saucen zu arbeiten, die stets gut gelingen. Die kalten Gerichte umfassen eine Auswahl feinster Salcicce und affinierter Käse. Frische Pasta und Risotto gibt es natürlich auch, aber sie stehen nicht im Mittelpunkt. Beim Fleisch wird man gefragt, wie es zubereitet werden soll, und so kommt es auch an den Tisch. Im Herbst sollte man das Battuta mit weißem Trüffel probieren. Feineres rohes Kalbsfleisch bekommt man selten. Die Desserts sind nicht zu mächtig – Sorbet vom Moscato, ein leichtes Tiramisu oder in Amaretto getränkte Pfirsiche. Die Weinkarte hat eine Auswahl an Dogliani, wie man sie nicht oft findet. Die Preise sind fair, und es macht Freude, hier die Winzer der Region zu entdecken. Es gibt natürlich auch Arneis, Barolo & Co., eine kleinere Auswahl aus anderen italienischen Regionen und eine noch kleinere aus anderen Ländern. Das macht aber nichts, man kommt ins Piemont schließlich nicht für einen Supertoskaner und erst recht nicht für Bordeaux oder Riesling. Wer den Dogliani mag, ist hier richtig, wer nicht, dem bleibt die hervorragende Küche.

Adresse 4 Via Croce, 12063 Dogliani | **Anfahrt** E 17, Ausfahrt Marena, dann A 33, Ausfahrt Cherasco, in Dogliani vor der Kirche rechts | **Öffnungszeiten** Di–So 19–0 Uhr, Reservierung empfohlen, Tel. 0039/3664365793 | **Tipp** Wenn man Gefallen am hiesigen Wein gefunden hat, sollte man unbedingt die Enothek in den Kellergewölben neben der Kirche Quirico e Paolo auf der Piazza San Paolo besuchen. Sie ist auch historisch interessant: Hier sieht man Teile des alten Tunnelsystems unter der Stadt, dessen (heute verschlossene) Gänge ins Rathaus und in die Kirche führten.

33 Die Barolo-Kapelle

Konzeptkunst im Weinberg

La Morra ist ganz und gar von der Atmosphäre eines mittelalterlichen Städtchens geprägt. Auf einem Hügel thront es stolz über der Langhe. Zu seinen Füßen aber, durch die Weinberge der berühmten »Le Brunate«-Lage, bringt eine kleine Kapelle die Moderne hierher. Sie wurde 1914 weniger aus religiösen Motiven denn als Rastplatz für die Arbeiter in den Weinbergen gebaut. Tatsächlich wurde sie nie geweiht. Vorher hatte an ihrer Stelle ein einfacher Schrein gestanden. Mit den Jahren verfiel das kleine mit Fresken von Giovanni Savio versehene Häuschen zusehends und wartete wie so viele ähnliche Gebäude auf seinen Abriss. Zum Glück kam es in den 70er Jahren zusammen mit 6 Hektar der davorliegenden Weinberge in den Besitz der Familie Ceretto.

Heute sieht man schon von Weitem die Linien und Wellen der sich um die Kapelle ziehenden bunten Muster. Von seinem englischen Freund, dem Künstler David Tremlett, und den Cerettos eingeladen, übernahm der berühmte Minimalist Sol LeWitt aus Connecticut die Neugestaltung der Kapelle. Der Vater der Konzeptkunst schuf hier im Sommer 1999 eines der modernsten Wahrzeichen der Langhe. Sie gilt als Teil seiner berühmten »Wall Drawings«-Serie. Tremlett selbst kümmerte sich um die Inneneinrichtung, da von den ursprünglichen Fresken keines die Zeit überstanden hatte.

Die neu gestaltete Kapelle soll nach dem Wunsch der Künstler genutzt werden, um einen »angenehmen Tag zu verbringen, als Platz zum Ruhen, ein Glas Wein zu trinken, ein Buch zu lesen und vielleicht auch zu beten«. Sie wird inzwischen auch regelmäßig für Events und Veranstaltungen genutzt. Eigentlich heißt sie »Capella della Madonna della Grazie«, aber man kann sich denken, warum sie heute eigentlich nur noch als Barolo- oder Le-Brunate-Kapelle bekannt ist. Ein schöner Ort, um hier eine kleine Weile zu verbringen und an den Wein zu denken, der in den Gärten davor seinen Anfang nimmt.

Adresse 12064 La Morra | **Anfahrt** A 6, Ausfahrt Marene, dann A 33, Ausfahrt Cherasco, die Straße bis La Morra, gleich hinter dem Ortsausgang vor Croera in die Weinberge abbiegen, einmal rechts halten, dann geradeaus bis zum Ziel | **Öffnungszeiten** immer geöffnet | **Tipp** Ein weiteres Wahrzeichen von La Morra ist die große Zeder, die einsam auf einem Hügel thront. Von den verschiedenen Ausblicken der Altstadt aus kann man sie leicht finden.

34 Die Burg von La Morra

Die großzügige Spende eines Platzes

La Morra kam bereits 1340 in den Besitz der Familie Falletti. Eine der großen Familien des Piemont, die auch so bedeutende Orte und Lehen wie Barolo und Racconigi besaß. Am »Torre campanaria«, dem Glockenturm an der Piazza Castello, finden wir eine Tafel, die auf eine ungewöhnliche Spende der Familie hinweist. Sie erzählt von der großzügigen Schenkung alter Ruinen an die Gemeinde im Jahr 1834.

Um dieser Geschichte auf den Grund zu gehen, muss man den Turm genauer betrachten. Er besteht aus fünf Stockwerken mit einem aufgesetzten Glockenstuhl. Eigentlich waren sechs Etagen geplant, aber da der Turm sich leicht nach Westen neigte, sah man davon ab. Interessant ist der erste Abschnitt, an dessen Sockel man Mauerwerk sieht, das sich vom übrigen unterscheidet. Es sind die einzigen noch sichtbaren Spuren einer mittelalterlichen Burg. Während eines der vielen Kriege mit Frankreich wurde sie 1544 abgerissen. Allein ihr Turm blieb bis zu seinem Einsturz 1700 unbehelligt. Auf dessen Fundament errichtete man von 1709 bis 1711 den noch heute sichtbaren Torre campanaria. Die Überreste der alten Burg standen hier noch bis in das 19. Jahrhundert, quasi im Hinterhof des Palazzo Falletti. Der Palazzo ist das heutige Rathaus, in dessen Gewölben die Gemeindekellerei untergebracht ist. Er wurde von der Familie als Ersatz für die zerstörte Anlage errichtet. In der Beletage kann man einige Räume besichtigen, die sich noch im Originalzustand befinden.

La Morra jedenfalls hatte bis dato keinen wirklich zentralen Platz, wie es sich für eine richtige Stadt gehört hätte. Der Marquis von Barolo und der Graf von Rodello, beide Erben der genannten Familie, entschieden sich, dem abzuhelfen. Sie übergaben die Ruinen der Gemeinde zur öffentlichen Nutzung. Von den alten Mauern ist hier heute nichts mehr zu sehen, dafür findet man hier einen weltberühmten und viel besuchten Ausblick über die Langhe.

Adresse Piazza Castello, 12064 La Morra | Anfahrt A 6, Ausfahrt Marene, dann A 33, Ausfahrt Cherasco, Straße bis La Morra | Öffnungszeiten nur von außen zu besichtigen | Tipp In der Via Monsignore Grasso steht die »Casa Massobrio-Boffa«. An diesem Gebäude sieht man noch Teile der einstigen Tonfassade mit aufwendigem Spitzbogenfenster und Ziegelfries. Es ist eines der wenigen Gebäude aus dem 15. Jahrhundert, die man hier noch findet.

35_Gala di Massimo Ferrero

Das Nougatlabor im Haselnusswald

Von Mango, dem Zentrum des Moscatowein-Anbaus, ist es nicht weit bis in den Ortsteil San Donato. Auf dem Weg dorthin fährt man vorbei an Weinbergen und durch ausgedehnte Haselnusswälder – eine schöne Einstimmung auf den Besuch bei Gala Nocciola von Massimo und Nadia Ferrero. Wenn man in der Gegend ist, sollte man nicht versäumen, hier vorbeizuschauen. Es ist nicht nur eine Fabrik, sondern eher ein mit modernsten Maschinen ausgestattetes »laboratorio«, wie man in Italien Orte bezeichnet, wo Ideen zu Produkten werden. Es ist spannend, wie Technik und Natur hier ineinandergreifen. Ein Einblick, den man in vielen Schaufabriken nicht erhalten kann.

Dass Massimo Ferrero mehr kann als nur Wein, sollte einen eigentlich nicht überraschen. Zu ein paar Generationen Familiengeschichte im Langhe gehört auch die Nocciola. Schon seine Großeltern pflanzten sie an, verarbeiteten sie aber noch nicht selbst. Diese Geschichte und Tradition im Schatten der Haselnuss hat Massimo bewogen, auf den 10 Hektar der Familienfarm ein Labor einzurichten. Seit wenigen Jahren produziert er hier, direkt vom Feld, kleine geschmackliche Wunder. Die Nüsse fallen quasi vom Baum in den Röster, werden hier gemahlen und zu den köstlichsten Produkten verarbeitet. Es gibt keine langen Wege, auf denen die Aromen verloren gehen könnten, und die schonende Verarbeitung garantiert höchsten Genuss. Die allseits bekannte Nocciolacreme, der Nougataufstrich, wird hier zu einem wahren Luxusprodukt, dem man seine fast 50 Prozent gerösteter Haselnüsse anmerkt. Anders als bei industriellen Varianten verwendet man hier die Nüsse der Sorte »Tonda Gentile« mit allen ihren Röstnoten, der diffizilen Süße und Wildheit. Der Geschmack der Langhe in ein Glas gepackt, zart schmelzend und intensiv duftend. Man möchte am Frühstückstisch sitzen bleiben, mit der Nase über dem Glas, und den Tag mit Reiseträumen verbringen.

Adresse 14 Strada Provinciale 265, 12056 Mango | **Anfahrt** von Mango SP 265 in Richtung San Donato, im ersten Kreisverkehr rechts abbiegen, dann rechts halten und die zweite Ausfahrt rechts zum Ziel nehmen | **Öffnungszeiten** nur nach Voranmeldung, Tel. 0039/3389848619 | **Tipp** In Mango steht das Schloss des Marquis von Busca. Es beherbergt neben einem Restaurant auch die Enoteca Regionale, die sich dem Perlwein Moscato d'Asti verschrieben hat. Hier kann man bei einem Glas auf dem Schlosshof entspannen und auch einige Produkte von Gala finden.

36 Manzone

Das Pfarrhaus und sein Wein aus Cinque Terre

In den Hügeln über Monforte, auf dem Rücken der Langhe, führt der Weg zu einem idyllisch gelegenen Pfarrhaus. Das »Ciabot del Preve« ist seit 1925 der Mittelpunkt des Weingutes Manzone. Allein schon des Ausblicks wegen lohnt sich ein Besuch, aber vor allem wegen der Weine. Berühmt für ihre großen Baroloweine – man denke nur an den Bricat –, gibt es in der Gegend auch noch fast Unbekanntes zu entdecken. Manzone ist einer der letzten oder, wenn man so will, einer der ersten Produzenten des Rossese Bianco. Ohne den Zusatz »Bianco« findet sich dieser Name in fast allen italienischen Anbaugebieten, aber mit diesem hier hat er nichts zu tun.

Der Rossese Bianco hat seinen Ursprung im Cinque Terre. Ins Piemont wurde er einst von Einwanderern mitgebracht und ist in seiner ursprünglichen Heimat nicht mehr zu finden. Auch seine Tage im Piemont schienen gezählt und sein Schicksal mit dem Siegeszug von Arneis und anderen kommerziell erfolgreicheren Reben besiegelt. Glücklicherweise haben zehn alte Rebstöcke dieser einzigartigen Sorte im Familienweingarten der Manzones überlebt. Das private Engagement der Familie hat daraus einen kleinen Weinberg wachsen lassen, der heute 2.000 Flaschen jährlich ergibt. Damit ist dieser Wein einer der seltensten, und an einen Export ist gar nicht zu denken. Ein Genuss, den man tatsächlich nur hier vor Ort erleben kann.

Der Rossese Bianco ist voller Eleganz und steht dennoch in Sachen Mineralität dem Arneis in nichts nach. Ungewöhnlich macht ihn die Note von Zuckerwatte, neben Birne und anderen gelben Früchten. Die Nase erinnert eher an einen ganz feinen Port oder Sherry, und man erwartet sogar etwas Liebliches. Doch weit gefehlt, es ist ein trockener Wein, auf jeden Fall einer, den man vorher nicht für möglich gehalten hätte. Er ist die Verbindung zwischen Geschichte und Gegenwart, von Giovanni über Stefano bis zu Mauro Manzone.

Adresse 9 Via Castelletto, 12065 Monforte d'Alba, Tel. 0039/017378114 | **Anfahrt** A 33, Ausfahrt Cherasco, dann der Straße bis Monchiero folgen und links nach Monforte abbiegen | **Öffnungszeiten** nach Voranmeldung | **Tipp** In Monforte gibt es eine natürliche Besonderheit: Ohne menschliches Zutun findet sich dort eine Art Amphitheater mit perfekter Akustik. Eingeweiht wurde es von dem berühmten Pianisten Horszowski. Hier findet jährlich das Festival »MonfortinJazz« statt.

37_Die große Kastanie

Alte Bäume und Fossilien

Kastanien baute man im Roero bereits in der Antike an. In der Neuzeit sind viele der ehemals reichlich vorhandenen Kastanienwälder dem Weinanbau gewichen. Heute findet man sie in großer Zahl nur noch in der Gegend, die man »Rocche« nennt. Kurz vor Monteu Roero kann man dem Sentiero della Castagna Granda, dem Kastanienwanderweg, in einen dieser Wälder folgen.

Etwa 400 Meter nachdem man die fahrbare Straße zum Wandern verlässt, tritt man auf eine Lichtung, in deren Mitte eine gewaltige Kastanie steht. Dieser Baum, schlicht »La Granda« genannt, ist mit einem Umfang von mehr als 10 Metern, einer Höhe von 25 Metern und einem Alter von mindestens 400 Jahren einer der ältesten Kastanienbäume Europas. Er trägt noch immer Maronen und treibt jedes Jahr aufs Neue aus. Stets im Juli feiern die Bewohner von Monteu Roero und aus der Umgebung hier die »Festa alla vallata dei castagni ultracentenari« (»Fest im Tal der Hundertjährigen Kastanien«). Besucher sind unter den weit ausladenden Ästen der »La Granda« herzlich willkommen.

Als »Castagna della Madonna« sind die Maronen von hier eine weithin bekannte Spezialität. Durch die guten klimatischen Bedingungen sind sie früher reif als andernorts, die Ernte beginnt meist schon am 8. September, dem Tag der Geburt Marias, weshalb die Früchte ihren Namen tragen. Als Erste auf dem Markt, stehen sie für den Beginn der herbstlichen Genüsse und werden immer sehnsüchtig erwartet.

Während man im Herbst Maronen sammelt und sich darauf freut, sie zu Hause zuzubereiten, kann man im sandigen Untergrund noch etwas anderes finden. In der Urzeit lag in dieser Gegend ein großes Meer. Besonders beeindruckend sichtbar wird das an den gewaltigen sandigen Abhängen, beispielsweise vor der Einfahrt nach Monteu Roero selbst. Hier findet man eine Vielzahl von Fossilien – Muscheln, Seeigel und andere zu Stein gewordene Meerestiere sind keine Seltenheit.

Adresse 23 Strada Provinciale 322, 12040 Monteu Roero | **Anfahrt** A 6, Ausfahrt Carmagnola, dann SP 129 und SP 322 bis zur letzten Ausfahrt vor Monteu Roero, Ausfahrt nach Villa Superiore, dann rechts halten | **Öffnungszeiten** immer geöffnet | **Tipp** In Monteu Roero steht eine mächtige Burg, in der Friedrich Barbarossa mitsamt Gefolge den Winter 1167/68 verbracht haben soll.

38__Cavaliere und Dindina

Zum Wein und Dinner über den Wolken

»Sei in Langa.« – »Bist in den Langhe.« So wird man hier allerorts schlicht und einfach begrüßt. Was braucht man mehr, um dem Reisenden zu sagen, dass er angekommen ist? In dieser Gegend großartiger Produkte und Weine trifft man sich in Alba, Neive, La Morra und all den anderen berühmten und wunderschönen Orten. Aber auch abseits dieser Hotspots kann man seinen Leidenschaften freien Lauf lassen.

In Neviglie zum Beispiel führt unter der Kastanie auf dem Rathausplatz eine Treppe hinab ins Reich von Delfina und Sergio. Die Weine von Cavaliere Ternaviso, die man hier bekommt, gehören zu den unentdeckten Höhepunkten der Gegend. Der Barbera ist zum Trinken, der Barbaresco, nur aus den besten Jahren, bringt große Momente. Wein wird hier traditionell gemacht, nicht so viel Technik, nicht zu viel Konzentration auf Unwesentliches. Lieber verlässt man sich auf jahrzentelange Erfahrung. Die Cantina gehört zu den ältesten im Piemont und ist voller Geschichten, Fässer und alter Flaschen. Eigentlich mag man diesen Ort gar nicht mehr verlassen – und das muss man auch nicht unbedingt: Drei mit antiken Möbeln im regionalen Stil eingerichtete Suiten laden zu himmlisch ruhigen Nächten ein.

Die Küche ist fabelhaft, wenngleich das Restaurant nur auf Bestellung öffnet. Es lohnt sich, den Weg auf sich zu nehmen, selbst ohne die Nacht hier zu verbringen. Delfina verwandelt die Rezepte der Langhe zu raffinierten Genüssen. Man findet nur noch wenige Orte, an denen es möglich ist, so authentisch und individuell zu essen. Diese Erfahrung lässt sich noch steigern. Man ist hier auch zu einem Kochkurs willkommen und wird mit viel Spaß und Vergnügen in die getrüffelten Geheimnisse eingeweiht. Der Teig wird zu »Tajarin«, der regionalen Version der Tagliatelle, geknetet, und zum Dessert wird ein Bunet (Amaretto-Schokoladen-Pudding) gereicht. Dazu genießt man dann die eine oder andere Flasche Wein.

Adresse Azienda Agricola del Cavaliere, 1 Via Umberto, 12050 Neviglie, Tel. 0039/3336189751 | **Anfahrt** A33, Ausfahrt Alba, dann in Richtung Neive, hinter Moretta nach Neviglie abbiegen, bergauf in die Altstadt | **Öffnungszeiten** nach telefonischer Anmeldung | **Tipp** Hinter dem Rathaus auf einer Anhöhe befindet sich ein kleiner Park. Je nach Wetterlage ist dies einer der schönsten Aussichtspunkte in den Langhe: Wenn die Wolken unter einem im Tal liegen, genießt man ein einzigartiges Panorama.

39 Die königliche Brücke

Die maurischen Tore am Tanaro

Auf dem Weg von Pollenzo in Richtung Roddi fallen einem beidseits des Flusses zwei gewaltige Tore auf. Wenn man es nicht besser wüsste, könnte man meinen, die Mauren hätten ihrer Zeit nicht in Spanien haltgemacht, sondern hätten auch Italien überrannt. In der Tat schwingen sich die beiden Bauwerke wie große Hufeisen auf, und mit ihren Ornamenten und Mustern im orientalischen Stil wären sie auch passable Tore zu einer prunkvollen Stadt eines Sultans oder Kalifen.

Das sind sie zwar nicht, dennoch sind sie nicht weniger bedeutend, stellen sie doch eines der ersten Beispiele des Historismus dar. Errichtet in der ersten Hälfte des 19. Jahrhunderts im orientalisierenden Stil, haben sie einige etwas ältere Vorbilder, zum Beispiel Dekorationsmoscheen in verschiedenen Parkanlagen. Im Gegensatz zu diesen gehören sie aber zu den ersten solcher Bauwerke, die auch praktische Verwendung fanden. Die Bögen sind Reste einer von König Carlo Alberto beauftragten Hängebrücke über den Tanaro.

Neben diesen sind zur Stadt hin auch noch die ehemaligen Zollhäuser erhalten und verweisen auf die Verwendung der Brücke. Dort, wo sich jetzt die weltbekannte Slow-Food-Universität befindet, wurden einst die piemontesischen Krongüter der Savoyer verwaltet. Es bestand die Notwendigkeit, dieses Verwaltungsgut infrastrukturell besser anzuschließen und den Warenverkehr umfangreich zu erfassen. Eben davon zeugen die Zollhäuser noch heute.

Die Zerstörung der Brücke weist auf eine andere bedeutende Zeit hin: Am 10. Oktober 1944 wurde die freie Partisanenrepublik »Repubblica di Alba« gegründet; sie konnte sich bis zum 2. November halten. Auf den Tag ein halbes Jahr nach ihrem Fall wurde Alba dann endgültig befreit. Zur Abwehr der Faschisten war es notwendig, die Brücke über den Tanaro zu sprengen. Diesem Ereignis setzte der Schriftsteller Beppe Fenoglio später in »Die 23 Tage der Stadt Alba« ein literarisches Denkmal.

Adresse Strada Provinciale 7, 12064 Bra | **Anfahrt** E 74, Ausfahrt Pollenzo, hinter dem Ortsausgang in Richtung Talloria über den Fluss | **Öffnungszeiten** nur von außen zu besichtigen | **Tipp** Ein weiteres bedeutendes Bauwerk dieser architektonischen Stilrichtung ist die Villa Crespi in Orta San Giulio. Die ehemalige Residenz des Baumwollhändlers Cristoforo Crespi liegt mit ihrem Minarett ganz idyllisch am Ufer des Lago di Orta.

40__Die Weinbank

Slow Foods Gedächtnis des italienischen Weins

In der Nähe von Bra liegt Pollenzo, ein Ort mit einer langen Geschichte. Die römische Zeit und die Savoyer haben ihre Spuren hinterlassen, heute ist der Ort geprägt von Slow Food. Aus der Anlage, von der aus die Savoyer einst ihre Krongüter verwalteten, hat die »Slow Food«-Organisation einen Hotspot der internationalen Genusswelt gemacht. An der hiesigen Universität studieren angehende Gastronomen und Gourmets aus der ganzen Welt, und im Hotel gönnt man sich eine luxuriöse Pause und entschleunigt den Alltag. In der Banca del Vino werden die Weine Italiens archiviert. So wird das Wissen um diese für die Nachwelt bewahrt.

Auf über 2.000 Quadratmetern werden in den historischen Kellern Weine aus allen Regionen des Landes gesammelt. Die angeschlossenen Güter liefern von jedem Wein mehrere Kisten. Ein Teil dient über die Jahre der Verkostung, ein anderer wird hierhergebracht, um, perfekt gelagert, die Zeit zu überstehen. Der Anstoss zu dieser Idee war, dass viele Winzerfamilien zwar seit Generationen produzierten, es aber keinen Vergleichswein mehr gab. Mit der Lagerung in der ideal klimatisierten Umgebung, gesichert gegen Erschütterung und andere Einflüsse, soll diesem Problem begegnet werden. So werden zukünftige Winzergenerationen und Interessierte die Entwicklung ihrer Weine nachvollziehen können.

Eine Auswahl von Weinen steht zur Verkostung zur Verfügung, und mit Voranmeldung werden gerne auch besondere Wünsche erfüllt. Mit einem Glas geht man durch die unterirdischen Hallen, findet bekannte Namen und entdeckt Neues. Thematische Zusammenhänge werden zum Beispiel an Bodenproben erklärt, die zu jedem Wein zur Verfügung stehen.

Hier bietet sich Laien wie auch Profis eine einmalige Gelegenheit, eine solche Bandbreite an Lagen kennenzulernen. Wer sich näher mit dem Thema beschäftigen möchte, kann einen der vielen Workshops besuchen.

Adresse 13 Piazza Vittorio Emanuele, 12042 Pollenzo, Tel. 0039/390172458418 | Anfahrt E 74, Ausfahrt Pollenzo, zum Parken der Ausschilderung zum Albergo dell'Agenzia folgen | Öffnungszeiten Di–So 10.30–13 Uhr und 15.30–19.30 Uhr | Tipp Das heutige Pollenzo ist in das ehemalige Amphitheater des bedeutenden antiken Pollentia gebaut. Bei einem Spaziergang durch den Ort erhält man einen Eindruck von dessen immensen Ausmaßen. In der Nähe kann man noch römische Tempel, Mauern und ein Aquädukt besichtigen.

41 Das Mastroianni-Relief

Eine Hommage an den Widerstand

Der Bildhauer Umberto Mastroianni verbrachte einen prägenden Teil seines Lebens im Piemont. Hier wurde aus dem Schüler anderer Meister einer der bedeutendsten Vertreter der abstrakten Kunst. Vom Futurismus seines frühen Schaffens bis zu seinen stilprägenden Bronzeplastiken finden wir in den Städten Norditaliens einige seiner großartigsten Werke.

Das 1945 erschaffene Monument für die Partisanen in Turin ist sicherlich eines seiner wichtigsten Werke, aber auch das Monument für den Widerstand in Cuneo ist von herausragender Bedeutung. Der inneritalienische Kampf gegen den Faschismus war ein Thema, das ihn besonders beschäftigte, und es spiegelt sich oft in seinen verschlungenen Bronzen wider, in denen man Gesichter, Waffen und Einschusslöcher zu erkennen glaubt. Oft versteht man sein Schaffen erst, wenn man an seine Zeit im Piemont denkt, die von Partisanenkämpfen und Aufständen geprägt war.

Ein eher privates Werk findet sich im kleinen Dorf Sinio südlich von Alba. 1975, anlässlich des 30. Jahrestages des Widerstandskampfes, stiftete er der Gemeinde ein Hochrelief. Als Hochburg der Partisanen war Sinio zur Zeit des Faschismus Schauplatz einiger der wichtigsten Episoden jener Zeit. Mit »Omaggio alla Resistenza« verewigte er die Erinnerung an diese Zeit in einem kleineren, aber sehr emotionalen und für sein Schaffen ungewöhnlichen Werk: Eingelassen in das Mauerwerk der Burgfassade, erinnert das Relief seither an diesen prägenden Teil der Geschichte. Als stiller Zeuge gegen das Vergessen ermahnt es die Besucher, dass die Idylle, in der sie sich wähnen, nicht selbstverständlich ist.

Sinio ist aber nicht nur wegen des Reliefs eine Reise wert: In der Altstadt gibt es einige interessante Kirchen, und in einer ist seit 1930 das Stadttheater untergebracht, das man nach vorheriger Anmeldung besuchen kann. Das Schloss selbst ist heute ein gehobenes Hotel mit ausgezeichneter Küche.

Adresse 2 Piazza Marconi, 12050 Sinio, Tel. 0039/0173263990 | **Anfahrt** A 33, Ausfahrt Carato Rosario, dann geradeaus bis Vezza, links abbiegen | **Öffnungszeiten** Relief: nur von außen zu besichtigen, Theater: mit Anmeldung Mo – Fr 8 – 13 Uhr | **Tipp** Neben dem Denkmal für die Partisanen findet sich in Turin ein weiteres Werk. Es beschäftigt sich diesmal nicht mit dem bekannten Thema. Der Musik gewidmet, bildet »Odissea Musicale« die Tore des Teatro Regio. Vielleicht ja auch ein Hinweis auf seinen Neffen, den berühmten Schauspieler Marcello Mastroianni.

42 Der Abgrund der sieben Brüder

Eine Ermahnung an ein gottesfürchtiges Leben

In den sanften Hügeln der Langhe liegt Treiso. Wenn man von hier in Richtung Meruzzano fährt, öffnet sich plötzlich ein riesiger Abgrund. Wie ein Meteoritenkrater bricht die Erde auf einer Fläche von circa 9 Hektar plötzlich auf, weiße Falten und Rinnen stürzen in enorme Tiefe.

Die Legende erzählt die folgende Geschichte über den »Rocche dei sette fratelli« genannten Abgrund: Einst standen hier ergiebige Weinberge, die sieben Brüdern und einer Schwester gehörten. Die Brüder arbeiteten an Fronleichnam, mähten das Gras und schnitten den Wein. Ihre Schwester, ein Mädchen von großer Frömmigkeit, sorgte unterdessen für die einem Fastentag entsprechende Verpflegung. Hungrig und mit dem mager ausfallenden Mahl unzufrieden, schimpften sie auf Gott und das Mädchen. Dieses wollte später an einer Fronleichnamsprozession teilnehmen, was ihre Brüder, immer noch verärgert, ihr nicht gestatteten. Der Priester, der den Feierzug anführte, ermahnte die jungen Männer, sich dem Zug anzuschließen. Sie entgegneten jedoch, dass der Herrgott doch bitte seine Nase nicht in anderer Leute Angelegenheiten stecken solle. Die Schwester erschrak, kniete beschämt nieder und versank in tiefes Gebet. Da kam ein dunkles Grollen aus der Tiefe der Erde, der Boden bebte, und ein Riss durchpflügte die Landschaft in einem großen Halbkreis. Plötzlich sackte der Boden in sich zusammen, fiel viele Meter ab und riss die Brüder mit sich in die Tiefe. Das fromme Mädchen hingegen, noch immer ins Gebet vertieft, saß unbeschadet auf einer Klippe, die sich aus der Tiefe erhob.

Wahrscheinlich stammt die Legende aus der Zeit der Reformation. Die protestantischen Bauern pflegten damals, anstatt die von der Kirche empfohlenen Prozessionen zu besuchen, auf ihren Feldern Mist auszubringen. Sicherlich nutzte die Kirche hier eine Laune der Natur, um die Menschen dazu zu bringen, sich an ihre Regeln zu halten.

Adresse Frazione Canta, Strada Provinciale 138, 12050 Treiso | **Anfahrt** A 33, Ausfahrt Bra-Marene, dann in Richtung Treiso und weiter bis Canta | **Öffnungszeiten** immer geöffnet | **Tipp** Fahren Sie von hier nach Santo Stefano Belbo. Oben auf dem Kamm der Langhehügel liegt das kleine Weingut Ferrero di Gallo. Probieren Sie ein Glas vom trockenen Moscato, der Weinregeln wegen nur »Vino Bianco« genannt. Ein außergewöhnlicher Wein, der beweist, was man mit dieser oft nur zu süßem Schaumwein verarbeiteten Traube machen kann; Tel. 0039/0141 89327.

43_Der Pfad der Trüffelsucher

Auf den Spuren der Trüffel

Kurz vor der Ortseinfahrt von Vezza d'Alba steht am Straßenrand ein großes Schild, das auf die Trüffel dieser Gegend hinweist. Es gibt hier mehrere, unterschiedliche Arten: Im Spätherbst sammelt man die berühmten weißen Albatrüffel, im Winter den schwarzen Pregiato und das restliche Jahr über die Sommer- und Herbsttrüffel. Dieser Pilz, der unterirdisch an den Wurzeln von Haseln, Eichen und anderen Bäumen wächst, wird von Gourmets in der ganzen Welt begehrt.

Ihn dem Erdreich zu entlocken bedarf jedoch besonderer Ausbildung. Seit Hunderten von Jahren ziehen die Trüffelsucher, die sogenannten »tartufai«, mit ihren trainierten Begleitern durch die Wälder. Früher waren es oft Schweine, die – wie menschliche Feinschmecker – den Duft und Geschmack der Trüffel einfach unwiderstehlich finden. Heute nimmt man Hunde, denn diese fressen die Trüffel nicht, sondern tauschen sie lieber ein gegen einen artgerechten Snack. Auf Sardinien suchte man Trüffel übrigens einst mit Ziegen und in England mit Fliegen.

Einen guten Eindruck von der Arbeit des Trüffelsuchers bekommt man hier entlang des »Sentiero del Trifolao«. Natürlich kann man auch direkt in der Stadt beginnen. Neben dem Rathaus im historischen Zentrum findet sich eine gute Karte. Im Naturmuseum des Roero sammelt man dann noch einiges an Informationen, bevor man sich in Richtung Natur aufmacht. Der Pfad führt durch eine schöne und abwechslungsreiche Landschaft, vorbei an Trüffelwäldern, über Weinberge und durch Haselnussplantagen. Von Hinweistafeln lernt man alles über die geeigneten Bäume, die Ausbildung der Hunde und die nötigen Werkzeuge. Im Spätherbst, auf dem Höhepunkt der Saison, muss man nur den Waldboden ein wenig ankratzen, und der typische Duft der Trüffel steigt einem in die Nase. Einen Trüffel zu finden, darauf sollte man jedoch nicht hoffen. Dieses Privileg bleibt den Hunden der »tartufai« vorbehalten.

Adresse 6 Via Cuneo, 12043 Vezza d'Alba | **Anfahrt** E 70, Ausfahrt Santena, dann der Straße bis Alba folgen, hinter Canale rechts auf den Feldweg abbiegen | **Öffnungszeiten** immer zugänglich | **Tipp** Im Teich am Wanderweg blüht im Sommer der Lotus in all seiner Pracht. Besuchen Sie in Alba Tartufi & Co. in der Via Pertinace. Hier gibt es immer frische Trüffel, Produkte daraus und sogar die Möglichkeit, eine Trüffelsuche zu buchen.

44 Die Basilica San Gaudenzio

Die Kirche mit den vielen Geheimnissen

Das Symbol von Novara scheint ein imposanter Kirchturm zu sein. Weiß und verziert, ist er von überall zu sehen und weist schon aus der Ferne die Richtung in die Stadt. Ein Turm ist es hingegen nicht, sondern es handelt sich um die imposante Kuppel der Kirche (der Kirchturm steht daneben). Es ist ein Bauwerk des Architekturgenies Alessandro Antonelli, und als solches ist es bereits interessant – zumal es das höchste selbsttragende Mauerwerk der Welt ist. Doch mehr zu entdecken gibt es in der Basilika.

Sobald man eintritt, fällt einem ein riesiger Kronleuchter mit schmiedeeisernen Blumen, der sogenannte »Mazzo di fiori«, auf. Er erinnert daran, wie Bischof Gaudenzio dem Bischof von Mailand, Ambrosius, einmal mitten im Winter Blumen schenkte. Noch heute wird der Leuchter am Tag der Heiligen, dem 22. Januar, in feierlicher Zeremonie herabgesenkt, und die Blumen werden ausgetauscht. Im Glockenturm nimmt man eine alte Treppe oder den Aufzug zum hier »Sala del compasso« genannten Dachboden. Warum man ihn »Kompass-Halle« nennt, wird einem schnell klar, steht dort doch eine elf Meter lange Holzkonstruktion, die von Antonelli genutzt wurde, um im Maßstab 1:1 zeichnen zu können. Sicher fällt einem auch die fast fünf Meter hohe Statue des Erlösers auf, die in der Halle vor dem Altar glänzt. Einst stand diese vergoldete Bronze auf der Kuppel, womit diese ganze 126 Meter maß. Da es bauliche Probleme mit der gewagten Konstruktion gab, setzte man auf die Kuppel eine leichtere Kopie aus Fiberglas. Musste die Basilika dieser Probleme wegen noch in den 40er Jahren für viele Jahre schließen, kann man sich heute sicher fühlen. Dafür sorgen bauliche Verbesserung und moderne Überwachungssysteme.

Es gibt noch weitere ungewöhnliche Dinge zu sehen, zum Beispiel die Gebeine des Heiligen, den Altar, der nur manchmal zugänglich ist, oder die rätselhaften Ornamente an den Wänden.

Adresse 22 Via San Gaudenzio, 28100 Novara | **Anfahrt** A 4, Ausfahrt Novara Ovest, dann der SP 299 in das Stadtzentrum folgen | **Öffnungszeiten** Mo–Sa 7–12 und 15–18 Uhr, So 9–13 und 15–21.30 Uhr | **Tipp** Auch im Dom an der Piazza della Repubblica gibt es einige Besonderheiten. So ist wie bei Leonardos »Abendmahl« in Mailand auch der Johannes aus dem Abendmahl von Gaudenzio Ferrari fast weiblich dargestellt. Im Presperterium gibt es ein Mosaik aus der Frühzeit der Kirche. Es zeigt Adam und Eva am Baum der Sünde.

45 Das Taufhaus

Die Apokalypse von Novara

Vor dem Dom in Novara steht das von frühchristlicher Architektur geprägte romanische Battistero. Der achteckige Grundriss drückt einen elementaren Glaubensinhalt aus. Gott schuf die Welt in sieben Tagen, aber der Mensch entschloss sich zu sündigen. Es bedurfte einer achten Tat für die Schöpfung. Erst Jesus gab der Menschheit durch sein Opfer die Unschuld wieder. In der Frühzeit des Christentums hatte die Geometrie von Kreuz und Kreis direkte Bedeutung. Achteckige Taufkapellen, wie diese aus dem 4. Jahrhundert, zeugen davon.

Das Gebäude ist auch Beispiel für die Attraktivität, die der neue Glaube hatte. In den ersten Jahrhunderten war die christliche Kirche nur eine Glaubensgemeinschaft unter vielen. Der Andrang war aber so groß, dass man Gebäude errichtete, die allein der Taufe dienten. Im Atrium entsagten die Initianten der Sünde, um im Gebäude die Taufe zu erhalten, und gingen danach direkt weiter in die Kirche, für die Eucharistie. Auf diese Weise war es möglich, alle Sakramente auf einmal zu erhalten und damit den Bund mit Gott zu vollenden. Noch heute beeindruckt die ursprüngliche Religiosität, die man hier erkennt, und lenkt den Blick auf ein Werk aus dem 11. Jahrhundert.

Die Fresken an den Wänden stellen acht Szenen dar. Vom Fall der Sterne bis zum Abgrund der Heuschrecken wird das Ende der Welt gezeigt. Die achte Szene ist hingegen eine der lebhaftesten Mariendarstellungen überhaupt. Die Muttergottes verkörpert die Kirche, die den Drachen besiegt. Das Werk ist von so ausgesuchter Qualität, dass sein Schöpfer in der Kunstwelt als »Meister der Apokalypse von Novara« bekannt ist. Man vermutet einen Zusammenhang mit Werken in Florenz, im Kloster Reichenau und sogar weltlichen Darstellungen im Kontext mit dem Kaiser. Hier sehen wir das Werk eines großen Künstlers, und es bleibt zu hoffen, dass seine Identität irgendwann gelüftet wird.

Adresse La Battistero, 5 Via Giacomo Puccini, 28100 Novara | Anfahrt A 4, Ausfahrt Novara Ovest, dann der SP 299 in das Stadtzentrum folgen | Öffnungszeiten Mo–Sa 7–12 und 15–18 Uhr, So 9–13 und 15–21.30 Uhr | Tipp Auf dem Sims des Palazzo del Corpo di Guardia vor der Domanlage ist die Figur einer gekrönten Frau mit Füllhorn zu sehen, ein Symbol für den Überfluss: In Novara sollte es niemandem schlecht ergehen. Vor dem Palast wurde einst der Markt abgehalten, und was am Abend nicht verkauft wurde, fiel den Armen zu – wie aus einem Füllhorn. Es gab sogar eine Art Sozialkasse für die Mitgift notleidender Mädchen.

46 Der Glockenturm

Die frei stehenden Glocken von Galliate

Der Glockenturm von Galliate weist eine Besonderheit auf. Wenn man den Blick nach oben richtet, sieht man, dass die Glocken unter freiem Himmel oben aufgesetzt sind. Diese einmalige Konstruktion ist dem Architekten Antonio Rigorini zu verdanken.

Einige Jahre zuvor hatte der berühmte Architekt Antonelli das Wahrzeichen von Novara gebaut, die Kuppel der Basilika von San Gaudenzio. Dann legte er die noch gewagtere Planung von »La Mole« vor und machte damit Höhe zum Motto der Zeit. Rigorini wollte seinem alten Konkurrenten aus Novara in nichts nachstehen, und er plante einen Turm von 93 Metern. Die Arbeiten begannen 1871, wurden aber bereits nach zehn Metern wieder gestoppt. Der offizielle Grund war, dass man zweifelte, ob die geplante Höhe für einen Turm überhaupt möglich war. Hinter vorgehaltener Hand hieß es indes, es sei schlicht das Geld ausgegangen. Letztendlich einigte man sich auf 45 Meter und schloss die Arbeiten 1880 ab. Diese Schmach nahm Rigorini aber nicht einfach so hin: Er kam auf eine ganz einmalige Idee – die Glocken sollten nicht im Turm hängen, sondern unter freiem Himmel. Angeblich wollte er so darauf hinweisen, dass man das Projekt irgendwann zu Ende führen sollte. Dann würde er nicht mehr im Schatten von Antonelli stehen.

Bis heute wurde die Höhe des Turmes nicht verdoppelt, dafür aber die Anzahl der ursprünglich sechs Glocken. Man darf sich fragen, ob es nicht besser gewesen wäre, den Turm zu vollenden, denn am Morgen des 11. Februar 1986 löste sich die Hauptglocke aus ihrer Verankerung. Durch das Dach der Kirche krachten 15 Tonnen Metall und richteten enorme Zerstörung an. Das war Anlass genug, die überfällige Reparatur der Witterungsschäden durchzuführen. Die Glocken hängen heute wieder an ihrem Platz und läuten stündlich. Andere Städte mögen höhere Türme haben, aber nirgends erklingen die Glocken unter freiem Himmel so schön wie in Galliate.

Adresse Piazza Vittorio Veneto, 28066 Galliate | **Anfahrt** E 64, Ausfahrt Novara Est, dann der SP 341 folgen, in der Stadt geradeaus weiter bis zur Piazza | **Öffnungszeiten** nur von außen zu besichtigen | **Tipp** In Galliate gibt es wie in Mailand ein prachtvolles Castello Sforza. Gegenüber dem Turm gelegen, erzählt es von der Zeit, als es zwei Galliate gab.

47 Die heilige Agatha

Die Schändung der Agatha von Catania

In San Nazzaro Sesia, genannt La Badia, befindet sich das Kloster der Abtei der Heiligen Nazarius und Celsus. Gegründet 1040, später niedergebrannt und durch Kaiser Friedrich II. wiederaufgebaut, finden sich dort noch heute Beispiele jeder Bauepoche. Besonders in Erinnerung bleibt einem der ab 1490 errichtete Kreuzgang. In kräftigen Farben mit Szenen aus dem Leben des heiligen Benedikt bemalt, scheint er aus sich heraus zu leuchten.

Im Inneren finden sich mehrere Fresken. Von außergewöhnlicher Bedeutung ist dasjenige am Ende des rechten Kirchenschiffes. Es zeigt die thronende Madonna mit Kind, eingerahmt von den Heiligen Agatha und Sebastian. Man sieht hier einen künstlerischen Trick, der in der religiösen Malerei immer wieder angewandt wird: Die Muttergottes nimmt vollständig den Thron ein, auf dem sie sitzt. Trotz der eigentlich unrealistischen Proportionen erzeugt diese stilistische Besonderheit kein Ungleichgewicht. Die Heiligen stehen für die beiden Wege der Hingabe an Gott. Sebastian legte für seinen Glauben das Schwert nieder, Agatha verschrieb Christus auch ihren Leib.

Im neugotischen Stil, schlank und schmal, wird Agatha nicht wie in den meisten Darstellungen vor allem als Leidende gezeigt. Im Mittelpunkt steht das Ideal der Schönheit und Reinheit als unzerstörbares Gut. Ihre Peiniger werden wollüstig und mit heruntergelassener Hose karikiert – sie stellen den Stadthalter von Sizilien, Quintianus, dar, der von ihr zurückgewiesen wurde, und den ihm gefälligen Richter. Die schöne Heilige hatte sich Christus verschrieben und widerstand damals, im 5. Jahrhundert, allen Versuchungen durch Quintianus. Ins Bordell verschleppt, die Brüste beschnitten und auf heißen Kohlen gewälzt, nahm sie ihr Schicksal unerschütterlich hin. Es heißt, dass sie selbst den heiligen Petrus zurückwies, der erschien, um sie zu heilen, und ihre reine Seele Gott anvertraute.

Adresse 5 Via Antonio Barbavara, 28060 San Nazzaro Sesia | **Anfahrt** A 4/E 64, Ausfahrt Biandrate, der Straße bis Biandrate folgen, auf die SP S. Nazzaro abbiegen, auf Marktplatz links halten | **Öffnungszeiten** immer zugänglich | **Tipp** Etwas außerhalb des Dorfes in Richtung Vercelli steht die Wallfahrtskirche »Madonna della Fontana«. In der Kirche aus dem 18. Jahrhundert entspringt in der Nähe des Altars eine Quelle. Es heißt, dass hier einst ein gotteslästernder Bilderverkäufer von der Quelle trank und ruhte. Nach dem Erwachen suchte er seine Bilder zusammen, doch das mit der heiligen Madonna schwebte oben in den Baumwipfeln. Erst der Bischof aus Vercelli vermochte es zurückzurufen, und die Verehrung dieses Ortes nahm ihren Anfang.

48 25 Verde

Urban Gardening reloaded

Weltweit erleben nachhaltiges Bauen, Urban Gardening und alternative Wohnprojekte einen ungeahnten Aufschwung. Wer hätte gedacht, dass Turin hier eine Vorreiterrolle einnimmt? Mit der Siedlung »25 Verde« des Turiner Architekten Luciano Pia steht in der Hauptstadt des Piemont eines der größten und am weitesten gedachten Projekte dieser Art.

Dort, wo die grüne Lunge der Stadt, der Parco del Valentino, aufhört, lag einst eine von Industrie geprägte Gegend. Heute zeigt sie sich durchaus im attraktiven Flair einer internationalen Großstadt. Das Wahrzeichen dieses aufstrebenden Viertels ist das Wohnprojekt »25 Verde«. Eine Bäumen nachempfundene Stahlkonstruktion bietet 63 Apartments Platz, die inmitten der Wipfel eines Waldes zu hängen scheinen. Natürliche Materialen mischen sich mit Hunderten Bäumen und Pflanzen, geschwungene Terrassen und Balkone scheinen dazwischen zu schweben, und man fühlt sich wie in einem Kindertraum von Baumhäusern und freiem Leben.

Am Boden fließen künstliche Bäche entlang und helfen zusammen mit den transparenten Wänden, ein Mikroklima zu schaffen, nach dem man sich während heißer Tage in jeder Stadt sehnt. Die Vegetation spendet im Sommer Schatten und gibt im Winter dem Licht Raum. Auf dem Dach befindet sich ein Garten, der von allen Hausbewohnern genutzt wird, um Blumen, Gemüse und Obst anzupflanzen. Man trifft sich mit den Nachbarn oder lädt Freunde ein, lacht und feiert, und dann zeigt das Projekt, dass es mehr ist als eine revolutionäre Idee. Es ist zugleich ein typisch italienisches Haus, ein wunderbarer Teil dieses großartigen Landes.

Der Vater von »25 Verde«, Luciano Pia, gibt seine Erfahrungen heute an vielen internationalen Universitäten weiter, von Quebec bis Mailand. Er teilt sein Wissen und begeistert Studenten von der Idee, dass Architektur mehr ist als praktische Ideen – dass sie Teil einer besseren Zukunft sein kann.

Adresse 25 Via Gabriele Chiabrera, 10126 Turin | **ÖPNV** Metro M1 oder Bus 67 bis Dante | **Öffnungszeiten** nur von außen zu besichtigen | **Tipp** Auf der gegenüberliegenden Flussseite wandert man durch eine Auenlandschaft zurück in die Stadt, die schon Friedrich Nietzsche in ihren Bann zog. Er verbrachte hier oft mehrere Stunden, und man merkt schnell, warum.

49_Aperitivo da Torino

Was der italienische Abend Turin zu verdanken hat

Jeden Abend zwischen 18 und 21 Uhr sind die Turiner Bars und Cafés besonders gut gefüllt. Man trifft sich gediegen hier zum Reden, dort, um Livemusik zu hören, oder wechselt nach Lust. Zwischendrin sieht man immer wieder Gäste, die etwas traurig auf ihren Drink schauen und sich sehnsüchtig fragen, wo die Torinesi immer wieder die Köstlichkeiten herbekommen, die sie da auf kleinen Tellern herumreichen und spazieren tragen. Auch wenn die Tradition des Aperitivo von Turin aus längst andere Teile Norditaliens erobert hat, ist sie vielen Besuchern doch fremd. Nirgends aber ist der Aperitivo so verbreitet wie in Turin.

Die Anfänge dieser Tradition liegen in der Zeit der italienischen Vereinigung. Das Land hatte bisher kein wirkliches Zentrum, es gab kaum eine bürgerliche Mittelschicht, und all das beeinflusste auch die Essgewohnheiten. Der reiche Adel hatte eigene Köche auf eigenen Gütern, die anderen nur ihre Mama. Wer weder Mama hatte noch Geld, der hungerte oder war angehalten, schnell zu heiraten.

Mit dem Aufstieg Turins zum politischen Zentrum kamen Adlige aus ganz Italien hierher, aber auch viele Leute, die in der aufstrebenden Metropole ihr Glück versuchen wollten. Die einen wie die anderen ließen ihre Familie meist zu Hause – und damit auch Koch und Mama. So etablierten sich die ersten Cafés und Bars, aus denen später Restaurants und Osterien wurden. Noch immer nennen sich einige Restaurants aus dieser Zeit, wie das San Carlo, »Caffè«.

Um die Gäste vom eigenen Lokal zu überzeugen, begann man, Häppchen zu reichen. Die Gäste bestellten einen Drink und genossen dabei die gereichten Snacks. Davon angespornt, wollte die Konkurrenz nicht nachstehen, was sich zu ganzen Büfetts und raffiniertesten Darreichungsformen entwickelte. Diese Tradition ist bis heute fester Bestandteil jedes Turiner Abends, und wer es ganz italienisch mag, für den schließt sich diesem Genuss oft noch ein Dinner an.

Adresse in jeder Bar und jedem Café der Stadt | Öffnungszeiten Mo – So 18 – 21 Uhr | Tipp Am Abend bestellt man seinen Lieblingsdrink immer als Aperitivo, damit bekommt man Zugang zu den unterschiedlichsten Büfetts, sei es mondän wie im San Carlo oder mit großer Geschichte wie im Caffè Fiorio. Auf der Piazza Veneto sitzen die Jüngeren und feiern mit einem DJ in den Abend hinein. Ein Stück weiter, hinter die Brücke, sitzt man entspannt an der Gran Bar des Gran Café und zeigt sich, während man sich mit mehreren Gängen am Tisch verwöhnen lässt.

50 Die Bibliomigra

Eine multiethnische Mini-Fahrbibliothek

Vor einigen Jahren fanden sich ein paar Freunde in Turin zusammen, um ein multiethnisches Bildungsprogramm und Kulturförderprojekt zu starten. Die Zutaten: ein fahrbarer Marktstand, Bücher und Zeitschriften in verschiedenen Sprachen und eine Menge Engagement. Die Idee dahinter? Die Menschen der multiethnischen Stadt auf der Straße abzuholen, zusammenzubringen und Sprachbarrieren abzubauen. Der Marktstand wurde zu einer fahrbaren Bibliothek umgebaut, und die Initiatoren füllten sie mit Büchern von ihren Reisen und gestifteten Zeitungsabonnements.

Mit der Unterstützung der Initiative »Fuori la lingua«, gefördert vom Stadtteil Barriera di Milano, fuhr die Bibliomigra dann vor allem durch die von Einwanderung geprägten Stadtviertel. Die Wanderbibliothek ist gefüllt mit Büchern in über 20 verschiedenen Sprachen. Sie ermöglicht vielen Immigranten überhaupt erst wieder einen Zugang zu Literatur und Informationen. Andere entdecken ihre Leidenschaft für ausländische Literatur, und Sprachstudenten knüpfen Verbindungen. Besonders erfolgreich wird Bibliomigra von den Rumänen angenommen, aber auch die anderen großen Immigrantengruppen, Chinesen und Araber, nutzen diese Einrichtung. Darüber hinaus trägt eine Anzahl von Veranstaltungen zum kulturellen Leben und zum Austausch zwischen den Kulturen bei. Ein Bildungsprogramm für die Straße, das in dieser Form wohl einmalig ist.

Nachdem »Fuori la lingua« 2013 endete, war diese kleine Bibliothek so im kulturellen Leben der Menschen verwurzelt, dass eine Schließung undenkbar war. Lediglich das Nomadenleben fand ein Ende – heute steht sie unter dem Dach des Wochenmarktes auf der Piazza Crispi. Hier öffnet der Wagen jeden Mittwochnachmittag seine Klappen, um Bücher zu verleihen und ausgeliehene zurückzuerhalten. Und jeder, der ein Buch aus einem fremden Land stiftet, kann sicher sein, dass er damit jemand anderem eine Freude macht.

Adresse Piazza Francesco Crispi, 10155 Turin | ÖPNV Tram 4 bis Novara oder Bus 49, 50, 51, 70 bis Crispi | Öffnungszeiten Mi 16–18 Uhr | Tipp Nicht weit entfernt, in der Via Antonio Banfo 32, wurde 1904 die erste Grundschule des Distrikts erbaut. Benannt nach dem Schweizer Pädagogen Pestalozzi, wurde daraus 1914 eine der ersten öffentlichen Bibliotheken überhaupt.

51 Die Bocciofila

Von spielenden Männern und kochenden Frauen

Was tun italienische Männer in ihrer Freizeit? Sie treffen sich zum Boccia. Was tun ihre Frauen währenddessen? Sie kochen zusammen für die spielenden Männer. Ganz so konservativ ist die Aufgabenteilung heute nicht mehr, und auch Italienerinnen schwingen schon mal eine flotte Kugel. Währenddessen kommandieren sie ihre Männer zum Kartoffelschälen ab.

Boccia gehört zu Italien wie Pizza und Wein. Bei dieser Variante des Boule geht es darum, die eigene Kugel möglichst nah am »pallino«, dem kleinen Bällchen, zu positionieren und die anderen Spieler eben davon abzuhalten. Übrigens gibt es auch in Deutschland Fans dieses Spiels. Der erste Bundeskanzler Konrad Adenauer war ein begeisterter Bocciaspieler. Er erlernte es zwar erst mit 81, aber man sagt, das Spiel sei der Grund gewesen, warum er seitdem seine Ferien stets in Italien verbrachte.

Man trifft sich zum Boccia in einer der vielen Bocciofili. Zum Mitspielen ist man zum Beispiel in die S. I. S. eingeladen. Man sitzt auf einer Terrasse über dem Po und dem Spielfeld. Eigentlich sitzt man, zumindest was die Lage betrifft, nirgends angenehmer. Ähnlich flussnah kann man sonst nur noch in den Terrassen-Restaurants im Parco Valentino dinieren. Hier aber ist es anders, irgendwie wie in einem Film aus den 70er Jahren. Aber da hier schon seit 1975 die Kugeln rollen, sollte einen das auch nicht wundern.

Mittags und besonders abends kommt man auf eines der traditionellen Gerichte vorbei. Das Besondere: Sie sind nicht immer piemontesisch, aber immer original – eine Reminiszenz an die vielen Einwanderer aus ganz Italien. Was aber am Ende vor allem in Erinnerung bleibt, ist die wirklich einmalige Lage. An den Wochenenden werden live all die berühmten italienischen Klassiker gespielt, oft bis spät in die Nacht. Das muss einem gefallen, aber wenn, hat man hier inmitten von Italienern der Einwanderergeneration tosenden Spaß.

Adresse 21a Viale Parco Michelotti, 10131 Turin | **ÖPNV** Tram 6 oder Bus 54, 56, 66, 75 bis Borromini | **Öffnungszeiten** Mo–Sa 11–23 Uhr, So geschlossen | **Tipp** Stadteinwärts sieht man auf dem Rasen vor der Anlage einen alten gusseisernen Löwenkäfig. Er ist ein Überbleibsel des Tierparks, der sich hier einst befand. In die andere Richtung geht es in die Natur, und man kann unterschiedliche Arten von Reihern beobachten. Turin ist neben Amsterdam der einzige städtische Raum in Europa, in dem sich eine Kolonie von ihnen niedergelassen hat.

52 Die Büsten der Dirnen

Ein Haus vergangener Lust

Dass San Salvario schon immer eines der aufregenderen Stadtviertel Turins war, beweist ein Haus in der Via Principe Tommaso, Ecke Via Galliari. Hier steht man vor einem Haus wie aus einer anderen Zeit. Zwischen den Fenstern im zweiten Stockwerk blicken die Büsten von elf neckischen Damen auf die Straße hinab. Das oberste Stockwerk mit den Rundbögen wurde erst später aufgesetzt.

Der Legende nach handelt es sich um die Frauen, welche einst an diesem Ort ihrem Gewerbe nachgingen. Sie brachten so viel Freude in die Umgebung, dass man sie an der Fassade ihrer Wirkungsstätte verewigte. San Salvario war damals die etwas anrüchige ältere Vorstadt. Das Gas zur Straßenbeleuchtung hielt, genau wie die Strenge des Hofes, erst spät Einzug – wohl ab 1840, als die Stadtmauern Turins geschliffen und der Ort eingemeindet wurde. Mit dem sogenannten »regolamento Cavour« aus dem Jahr 1860 fand das vergnügliche Treiben sein Ende. Mit diesem bourgeois geprägten Gesetz zur Prostitution wollte man die staatliche Kontrolle über selbige erlangen. Die Sorge um die öffentliche Gesundheit war das Mittel, für die Betroffenen brachte dies jedoch gesellschaftliche Ausgrenzung. Viele von ihnen suchten Zuflucht in Klöstern und im Ausland. Zur Erinnerung an die Damen stiftete die Nachbarschaft die keck lächelnden Büsten, die noch immer zu sehen sind. Im Gebäude befindet sich heute ein günstiges Hotel, in dem man in sicherlich authentischer Umgebung noch immer seine Nächte verbringen kann. Auch die beiden wohl letzten Erotikfilmtheater der Stadt liegen ganz in der Nähe.

Dass aber auch die feinere Gesellschaft ihren »Privatangelegenheiten« frönte, davon könnte ein anderes Haus zeugen: Im gegenüberliegenden Viertel westlich des Bahnhofs befindet sich an einem Eckhaus am Corso Ferruci ein etwas herausgeputzteres Pendant. Hier blicken die Damen etwas strenger und würdevoller herab, dafür sind es 27.

Adresse 8 Via Principe Tommaso, 10125 Turin | **ÖPNV** Tram 9 oder Bus 24, 52, 64, 67 bis Madama Cristina | **Öffnungszeiten** nur von außen zu besichtigen | **Tipp** In der Via Principe Tommaso zurück bis zum Corso Vittorio Emanuele II steht der Tempel der Waldenser. Diese einst verfolgte Religionsgemeinschaft erhielt 1848 die vollen Bürgerrechte und errichtete fünf Jahre später diesen Bau im neugotischen Stil.

53 Caffè Fiorio

Die Erfindung des sozialen Netzwerks

Wenn man sich mit der Geschichte dieses Caféhauses beschäftigt, denkt man unweigerlich an die sozialen Netzwerke unserer Zeit. Unter den Arkaden der Via Po befindet sich diese Turiner Institution von 1780 in nahezu originalem Zustand.

Als Turin das Zentrum Italiens war, trafen sich in dem von den Brüdern Fiorio gegründeten Café Diplomaten, Politiker, Künstler und Industrielle. Hier tauschte man sich bei einem Schluck Schokolade oder ein paar Tramezzini aus, die von Tisch zu Tisch wanderten, und man erfuhr das Neueste zur Lage der Nation und Europas. Die Besitzer sorgten für den passenden Rahmen und die aktuellsten internationalen Medien. In einer Zeit langer Reisewege war dies so etwas wie das Highspeed-Internet von heute. Wenn am Hof Posten vergeben wurden, war es für die neuen Amtsträger (inoffiziell) Pflicht, im Fiorio zu verkehren, und König Carlo Alberto fragte beim Morgenbriefing stets: »Was gibt es Neues im Fiorio?« 1841 gründete Graf Cavour hier die Whist Society, die zum Treffpunkt von Aristokratie und einflussreichen Persönlichkeiten wurde. Der Graf nutzte sie zum Aufstieg in höchste politische Ämter. Selbst die Franzosen waren beeindruckt vom Aufeinandertreffen bedeutender Persönlichkeiten und stellten fest, dass sich selbst ihr Café de Paris damit nicht vergleichen konnte.

Damals wie heute ist Fiorio der Inbegriff süßer Genüsse. Noch immer bekommt man das Original-Gianduja-Eis so, wie es seit 1922 im eingerichteten Eisstand ausgegeben wird. Man sagt, es sei das beste der Stadt. Zum Pranzo hingegen öffnen sich die Räumlichkeiten im oberen Stockwerk. Aneinandergereiht wie in einem typischen Palazzo, laden diese Räume zum privaten Mittagessen ein, flankiert von livrierter Bedienung und mit bester Qualität. Abends wenden die Turiner sich gerne dem Aperitivo zu. Man genießt gemeinsam einen Drink und die Köstlichkeiten vom oft aufwendigen Büfett.

Adresse 8 Via Po, 10123 Turin | **ÖPNV** Tram 13, 15 oder Bus 55, 56 bis Carlo Alberto | **Öffnungszeiten** Mo–So 8–1 Uhr | **Tipp** In der Straße direkt neben dem Fiorio befindet sich die Taberna Libraria, eine Art Weinladen mit Lesebegleitung. Beides kann man auch bei einem guten und regelmäßig wechselnden Menü genießen. Es gibt immer das, was gerade Saison hat.

54_Casa Scaccabarozzi

Eine Scheibe Polenta

In Turin ist es unmöglich, dem Architekten Alessandro Antonelli nicht zu begegnen. Plätze, Straßen, selbst Bushaltestellen sind nach ihm benannt. Sein Hauptwerk, die Mole Antonelliana, wurde zum Wahrzeichen der Stadt und erhebt sich pavillonartig über die Gebäude im Zentrum. Hat man sie besucht, sollte man sich unbedingt Zeit nehmen, eines seiner weniger bekannten Gebäude anzusehen.

An der Kreuzung Corso Dante / Via Barolo befindet sich die »fetta di polenta« (»Polentascheibe«). Aus polentagelbem Stein gebaut, steht hier ein 16 Meter breites Gebäude, das von links nach rechts immer schmaler wird – von 4,35 Metern bis zu 54 Zentimetern. 1840 und 1881 in mehreren Abschnitten erbaut, ist es ein Symbol der Sturheit und Extravaganz Antonellis. Er errichtete dieses Gebäude, nachdem er das benachbarte Grundstück nicht erwerben konnte. Damit demonstrierte er, dass man auch auf beschränktem Raum komfortabel bauen konnte. Er nahm einen Trend vorweg, der in unseren heutigen Großstädten aktueller ist als je zuvor. Selbst für das schmale Ende fand er eine geeignete Nutzung und brachte dort die Versorgungsleistungen und Etagenbäder unter.

Nach der Fertigstellung gab es eine Kontroverse um die Konstruktion, und es fanden sich kaum Bewohner, da jeder glaubte, das Haus würde einstürzen. Daraufhin zog der Architekt selbst für einige Jahre in die nach der Familie seiner Frau benannte Casa Scaccabarozzi. Die Einstellung der Skeptiker änderte sich erst, nachdem das Bauwerk 1853 die Explosion einer nahe gelegenen Pulverfabrik und das große Erdbeben von 1887 überstand. Zwei unterirdische Stockwerke gaben ihm die nötige Stabilität.

Ein weiterer interessanter Aspekt lässt sich von der Via Barolo aus erkennen. In einem so schmalen Haus war es ein Problem, die Einrichtung in die Apartments zu bekommen. Die Lösung war ein auf das Dach montierter Flaschenzug, dessen Überreste noch heute zu erkennen sind.

Adresse 9 Via Giulia di Barolo, 10124 Turin | **ÖPNV** Tram 16 oder Bus 24 und 68 bis Vanchiglia | **Öffnungszeiten** nur von außen zu besichtigen | **Tipp** Ein kurzes Stück weiter auf dem Corso Dante finden Sie ein weiteres Gebäude Antonellis. Als einziges in der gesamten Straße verfügt es über die stadttypischen Arkaden.

55 Die Chiesa del Santo Volto

Die heilige Sonnenuhr

Wie für viele andere Städte auch stellt sich für Turin die Aufgabe, ehemalige, nicht mehr genutzte Industriegebiete in das städtische Leben zu integrieren. Seit 1995 werden diese Bemühungen forciert. Besonders problematisch war der Stadtteil Spina Centrale zwischen San Donato und Madonna di Campagna: Standen hier früher vor allem die Fabriken von Michelin, Teksid und eine Anzahl von Stahlwerken, verfiel die Gegend in jüngerer Vergangenheit immer weiter.

Erst mit der Übergabe der Chiesa del Santo Volto im Dezember 2006 ist es gelungen, dem Stadtteil ein neues Zentrum zu geben. Mit der dadurch zunehmenden Attraktivität hat das Gebiet neue Perspektiven gewonnen. Nach einem Entwurf von Mario Bonta wurde die Kirche auf dem Grundstück der Borgaro-Stahlwerke errichtet. Um sieben 35 Meter hohe Türme reihen sich 15 kleinere Strukturen. Natürliches Licht fällt durch diese senkrecht in das imposante Innere ein und wandert mit der Tageszeit wie eine Sonnenuhr über 12.000 Quadratmeter mit 700 Sitzplätzen. Die Aufmerksamkeit wird auf immer andere Abschnitte und sich abwechselnde Details gelenkt. Ein nicht zu unterschlagendes Detail ist der einstige Schornstein des Stahlofens. Dieser wurde erhalten und dient heute als Glockenturm. Man hüllte ihn in eine metallene Konstruktion ein und setzte ein silbernes Kreuz darauf. Die Glocken hängen unten und sind für die Besucher zugänglich.

Als zeitgemäßer Ausdruck eines modernen Glaubens ist die Chiesa del Santo Volto tatsächlich mehr als ein imposantes Gotteshaus. Sie ist vielmehr Wahrzeichen eines neuen, vitalen Turins. Wie einst die großen Kathedralbauten verkörpert sie die Zukunft und Hoffnung eines ganzen Stadtteils. Auch wenn es zu Anfang viel Kritik an dem 30 Millionen Euro teuren Projekt gab, steht man ihm heute vornehmlich positiv gegenüber. Der offensichtliche Nutzen für die Menschen der Gegend lässt die Kritiker verstummen.

Adresse 11 Via Val della Torre, 10149 Turin | **ÖPNV** Tram 13, 15 oder Bus 55, 56 bis Castello | **Öffnungszeiten** Mo–So 8–19 Uhr | **Tipp** An der Kreuzung von Corso Lione und Corso Mediterraneo steht die Figur »L'Igloo« von Mario Merz, einem der Begründer der Arte Povera. Steinplatten sind inmitten eines Brunnens zu einem Iglu angeordnet. Neonbeleuchtung weist (wenn auch nicht ganz korrekt) die Himmelsrichtung.

56 Das Dach der Bauern

Ein Markt für regionale Produkte

Der größte Viktualienmarkt Europas auf der Porta Palazzo ist hinlänglich bekannt. Auf fast 50.000 Quadratmetern erfüllen um die 1.000 Händler die Bedürfnisse von täglich 100.000 Kunden. Der Geschmack ganz Italiens befindet sich an diesem Ort und lässt den Besucher oft mehrere Stunden verweilen.

Leicht aber übersieht man den Markt für die regionalen landwirtschaftlichen Produkte – einen kleinen Teil, der hinter der imposanten »Alten Halle der Uhr« versteckt liegt. Diese bildet den optischen Abschluss des Porta Palazzo, und oft machen sich so nur die Eingeweihten auf, das sogenannte »Tettoia dei Contadini« (»Dach der Bauern«) dahinter aufzusuchen. Unter dem Dach, das noch immer von der ursprünglichen Eisenkonstruktion des berühmten Ingenieurs Barone, der 1836 auch die »Alte Halle« entwarf, getragen wird, bieten Kleinproduzenten und Bauern des Piemont ihre saisonalen Erzeugnisse an. Nirgends duftet der Rosmarin wie hier, findet sich eine größere Auswahl an Eiern und ist jede Frucht, jedes Gemüse und jeder Salatkopf so ausgesucht wie an diesem Ort. Im Frühling besonders zu empfehlen ist Salat von frischen Wildkräutern und Blüten, im Spätsommer und Herbst hingegen überrascht die Anzahl »alter Sorten« von Birne und Apfel.

Das ganze Jahr über bietet der Käsestand der Azienda Corbusier aus Novalesa die großartigste Auswahl handgemachter Käsespezialitäten. Das besondere Augenmerk gilt Produkten aus Ziegenmilch, und der damit hergestellte Ricotta wird unter Kennern in Turin hoch gepriesen. Probieren Sie unbedingt auch die regionale Variante des Parmigiano, den Mingianata.

Ein Erlebnis für die Ohren ist der piemontesische Dialekt. Während man sonst auf der Porta Palazzo wahrscheinlich jeden Dialekt Italiens studieren könnte, wird hier gerne piemontesisch gesprochen. Mit einem freundlichen »Vaire a custa?« anstatt »Quanto costa?« bekommt man noch immer den besten Preis.

Adresse 12–18 Piazza della Repubblica, 10152 Turin | **ÖPNV** Tram 3, 4, 6, 16 oder Bus 11, 19, 27, 50, 51, 57, 92 bis Porta Palazzo | **Öffnungszeiten** Mo–Fr 7–13 Uhr, So und vor Feiertagen 7–19 Uhr | **Tipp** Nach dem Marktbesuch geht es zu einer Pause mit Kaffee und Brioches in die Bar Galleria Umberto I. Zum Pranzo ist die Focaccia des Hauses ein Muss.

57 Das Dentalmuseum

Historische Sammlung der Zahnheilkunde

Im dritten Stockwerk des Lingotto befindet sich rechts von den Aufzügen eine einzigartige Sammlung der Zahnheilkunde. Man wundert sich, dass dieses kleine Museum nicht schon längst zum Magneten für Turinbesucher geworden ist. Wahrscheinlich liegt es einfach daran, dass man bei einem Besuch ständig das Gefühl hat, einem besonders furchtbaren Zahnarzt ausgeliefert zu sein. Die Dental School der Universität Turin hat hier eine Retrospektive der Dentalgeschichte zusammengetragen, die man so wohl nirgends sonst finden kann. Originaleinrichtungen, Instrumente und Geräte aus privaten Sammlungen und Museen werden komplettiert durch Bücher und Dokumente, die bis zu den Anfängen der Zahnheilkunde reichen.

Man besucht hier Zahnarztpraxen und Dentallabore verschiedener Epochen. Je weiter man in der Zeit zurückreist, umso öfter kann man sich dabei beobachten, wie man sich vor Schrecken an die Wangen fasst. Man erfährt von den ersten Prothesen der Etrusker, steht vor Tischen mit Instrumenten aus verschiedenen Jahrhunderten und schaut durch riesige Lichtröhren, die einst die Mundhöhlen der Patienten erleuchteten. Auf den Schränken und Armaturen stehen Fläschchen mit merkwürdigen Inhalten. Eine Praxis scheint früher die seriöse Version einer Crackhöhle gewesen zu sein. Man lernt von Irrwegen und Revolutionen. Das Konzept ist so strukturiert, dass man auch als Laie einiges lernt. Man sollte aber nicht vergessen, dass auch der wissenschaftliche Wert dieser Sammlung bedeutend ist. Die Spenden von Professor Casotti und der Familie Amoretti bilden noch immer den Grundstock und bieten Studenten einmalige Einblicke und Forschungsansätze.

Beim Verlassen der Sammlung, mit einem letzten Blick über die Schulter, spürt man ein leichtes Glücksgefühl. Man denkt an seinen eigenen Zahnarzt mit modernem Labor und präzisen Geräten und freut sich fast auf den nächsten Besuch bei ihm.

Adresse Via Nizza 230, 10126 Turin | **ÖPNV** Metro M1 bis Spezia | **Öffnungszeiten** unregelmäßig geöffnet, aber jederzeit nach Anmeldung, Tel. 0039/0116 708361 | **Tipp** Um für Ihren nächsten Zahnarztbesuch gerüstet zu sein, legen Sie danach doch eine Pause bei »Eatily« ein, direkt vor dem Lingotto. Gönnen Sie sich in der ersten Filiale dieses Genussimperiums eine Süßigkeit oder doch vielleicht etwas Zähneschonenderes.

58 La Deutsche vita

So schön kann Deutschland in Italien sein

Während in Deutschland beinahe jeder seinen Lieblingsitaliener hat, hat man in Italien eben seinen Lieblingsdeutschen. Nun ja, vielleicht nicht ganz, aber in Turin vielleicht doch. Hier begegnet man ganz sicher dem einen oder anderen, der mit Claudia Franzen oder Sabine Schumacher seinen Lieblingsdeutschen gefunden hat. Die beiden Westfälinnen haben sich mit ihrem Projekt einen Traum erfüllt, und seit dem ersten Tag sind die Turiner begeisterte Fans von ihnen. Die Goldschmiedin und die Dolmetscherin, die schon lange in der Stadt lebten, wurden zu kulinarischen Botschaftern der Küche ihrer Heimat. Rollmops, Leberkäse und Brezeln sind eine willkommene Pause von den italienischen Genüssen.

Mitten in der Altstadt, nicht weit von der Piazza Castello entfernt, findet man das »la Deutsche vita«. Im Laden kann man sich die Teutonenspezialitäten für zu Hause mitnehmen oder frisch zubereitet an der Theke auswählen. Manche bestellen sogar per Kurier bis nach Florenz und Rom.

Am besten aber kehrt man hier ein, wie es sich in einem Lokal gehört. Man bestellt »Wurstel quadrato« (Leberkäse mit Spiegelei) und gutes Bier dazu. Ein bisschen italienisch ist es aber dennoch. Alles ist hell und leicht, und wo es um die Ecke das Gelatofenster gibt, ist es hier eben das Wurstelfenster. Eine gute Currywurst auf die Hand – besser kann Italien nicht mehr werden. Die Würstchen, Heringe und Kartoffeln werden zum Mittag zu ausgiebigen Antipasti-Büfetts arrangiert. Am Abend gibt es wechselnde Menüs; Rollbraten & Co. sind für die Gäste dann eine wirklich exotische Abwechslung.

Im Herbst wird hier natürlich das Oktoberfest gefeiert, und die ganze Stadt ist zu Gast im »la Deutsche vita«. Wenn die beiden Frauen und ihre Töchter dann noch im Dirndl Haxen, Hähnchen und eine Mass Bier servieren, gibt es für »bella Italia« kein Halten mehr.

Adresse 10 Via Stampatori, 10122 Turin | **ÖPNV** Tram 4, 6 oder Bus 11, 27, 51, 57, 92 bis Monte di Pieta | **Öffnungszeiten** Mo–Sa 11–23 Uhr, So geschlossen | **Tipp** Wie stolz die Savoyer auf ihre deutsche Abstammung waren, das kann man im Palazzo Reale entdecken. Auf Gemälden und auf Wappen finden sich so manche mythologische Verweise auf die deutschen Wurzeln der bereits 1310 zu Reichsfürsten ernannten Savoyer.

59 Das diamantene Plätzchen

Bestiarium aus Stein, (nicht nur) für Gottes Hunde

Dort, wo wir heute die Via Milano finden, war einst die Contrada di Porta Palazzo, ein mittelalterlicher Stadtbezirk. Unübersichtlich, mit verworrenen Straßen und kleinen Häusern, passte er den Savoyern nicht in ihre Hauptstadt. Ab 1729 machte man sich auf Anweisung von Vittorio Amedeo II. an die Neugestaltung. Filippo Juvarra, einer der berühmtesten Architekten des Barocks, war hierin maßgeblich involviert. Kurz bevor die Straße auf den Porta Palazzo führt, breitet sie sich zu einem kleinen Platz aus. Man nennt ihn nach seiner Form auch »Piazetta romboidale« (»Diamantenes Plätzchen«). Diese Besonderheit geht auf eine direkte Anweisung von Juvarra im Jahr 1735 zurück und bietet eine ungewöhnliche Attraktion: Die drei Fassaden der Häuser gegenüber der Basilika Mauriziana werden von steinernen Hunden, Löwen und Bullen geschmückt. Zusammen sind sie als »Animaleria« oder »Il bestiario« bekannt und nicht nur Schmuckwerk wie viele andere Fassadendekorationen. Jedes einzelne Haus steht für einen der Stände der damaligen Zeit.

Am Haus mit der Nummer 18, der »Isola di Santa Rosa«, finden sich Löwenköpfe. Es war der Palast des Grafen Gioacchino Faussone, und der Löwe war Symbol seines Wappens wie der Aristokratie überhaupt. Überdimensionierte Bullenköpfe, Symbole der Stadt, schmücken das Haus Nummer 13, die »Isola di Sant Ignazio«. Das dritte Haus, »Isola di San Domenico« (Nummer 11), ist von Hundeköpfen geprägt. Dahinter verbirgt sich ein wichtiger Hinweis: Hunde standen für besondere Treue und Schutz. In der damaligen Welt nannte man die Dominikaner, bekannt als treue Gottesdiener, »domini canes« (»Hunde des Herrn«). Damit weist die Fassadendekoration dieses Gebäudes auf dessen frühere Nutzung hin – es war Sitz des Dominikanerordens und damit auch der Inquisition. Die steinernen Hunde finden sich auch anderswo in Europa an Gebäuden als Hinweis auf deren Bewohner.

Adresse 11 Via Milano, 10122 Turin | **ÖPNV** Tram 4, 6 oder Bus 11, 27, 51, 57, 92 bis Porta Palazzo Sud | **Öffnungszeiten** nur von außen zu besichtigen | **Tipp** Im Haus der Dominikaner befindet sich heute das Café »Il Gusto Giusto«, herrlich original im alten sizilianischen Stil. Man genießt hier die berühmten Süßigkeiten aus Italiens Süden, wunderschön anzusehende »Frutti della Martorana«, beste Cannoli und kleine Setteveli. Dazu einen Cappuccino mit Mandelcreme – »E questo é il sapore della Sicilia!«.

60 Die Eis-U-Bahn

Durch das Parkhaus zum Eishaus

Das Parkhaus unter der Piazza Emanuele Filiberto bietet einen Einblick in eine ganz besondere Epoche. Hier unten kam bei Renovierungsarbeiten ein Eishaus aus dem 18. Jahrhundert zum Vorschein und wurde freigelegt. Die Sommer waren heiß, elektrischen Strom und Kühlschränke gab es nicht, und dennoch mussten die Waren der nahen Märkte gekühlt werden. Eis und Salz waren die Schätze dieser Zeit, dienten doch beide dazu, Nahrung haltbar zu machen.

An diesem Ort wurde schon im 17. Jahrhundert Eis hergestellt und gelagert, wie alte Karten nahelegen. Hauptberufliche »ghiacciaiore« schafften es von den Bergen im Lanzo und vom Susatal herbei. Man gab sich äußerste Mühe, so viel von der in nasse Jutesäcke verpackten wertvollen Fracht wie möglich in die Stadt zu bringen. Im Winter hingegen wurde das Wasser der Dora durch flache, unterirdische Kanäle geleitet. Hier konnte es gefrieren, und man konnte so das begehrte Eis auch vor Ort erzeugen. Bequem gab es Verbindungen bis in die Lagerhäuser, und die ganze Struktur glich einem U-Bahn-System. So beförderte man das Eis praktisch im Untergrund, noch bevor man auf die Idee kam, es mit Menschen gleichzutun. Mit dem Aufkommen von Energie und der Möglichkeit, Eis ohne größeren Aufwand jederzeit zu produzieren, fand diese Epoche ihr Ende. In den 20er Jahren des letzten Jahrhunderts wurden die letzten Einrichtungen abgerissen oder stillgelegt. Der Beruf der »ghiacciaiore« starb aus, und nur noch wenig erzählt von ihrer Zeit.

Nicht weit entfernt, an der Porta Palazzo, befindet sich ein weiteres Überbleibsel. Im 1998 errichteten Centro Palatino, dem »Palafuksas«, wurden einige der ehemals gekühlten Warenhäuser sichtbar gemacht. Hier stammen sie aus dem 19. Jahrhundert. Viele andere, die bis zu vier Stockwerke umfassen, sind heute nicht mehr zugänglich. Sie dienen als Lager für die Händler des darüberliegenden größten Lebensmittelmarktes Europas.

Adresse Parkhaus, 12 Piazza Emanuele Filiberto, 10122 Turin | **ÖPNV** Tram 3, 4, 6, 16 oder Bus 11, 19, 27, 50, 51, 57, 92 bis Porta Palazzo | **Öffnungszeiten** immer zugänglich | **Tipp** In der Via Orfane 32 befindet sich der Eingang zu einem weiteren Tunnelsystem. Auch hier lagerte man Eis und Waren, die gekühlt werden mussten.

61 Der Erzengel Michael

Ein vergessenes Meisterwerk

Steigt man die große Treppe zum Eingang der königlichen Krypta unter der Superga hinab, entdeckt man eine Engelsstatue. Fast versteckt, fristet sie ihr Dasein in einer Nische im Untergrund. Dabei handelt es sich um das Meisterwerk eines der großartigsten Bildhauer Italiens: Es war Carlo Finelli aus Carrare, der 1836 die Gruppe »San Michele Arcangelo che scaccia Lucifero« (» Die Vetreibung Luzifers aus dem Paradies«) schuf. Finelli wurde in eine Familie bedeutender Künstler hineingeboren und galt als Genie. Früh zog er nach Rom und wurde Freund und Schüler Canovas und, wie man sagte, sein Nachfolger. Seine Zeitgenossen bewunderten ihn als den begabtesten lebenden Bildhauer. Da sich ein Großteil seiner Werke in Russland befand und daher lange nicht zugänglich war, verblasste sein Andenken etwas; die Wiederentdeckung beginnt gerade erst. Dies gibt einem noch die Möglichkeit, seine Werke ohne den Ansturm Kunstinteressierter zu genießen. Er hat der Welt einige der elegantesten und filigransten Meisterwerke in Marmor hinterlassen.

Sein Schaffen teilt sich in zwei Perioden. Zuerst folgte er Canovas Schema des Klassizismus mit seinen oft mythischen Darstellungen. Das Meisterwerk dieser Periode, die Gruppe »Le ore danzanti« (»Tanzstunden«), steht in der Eremitage in St. Petersburg. Später nahm er davon Abstand und widmete sich religiösen Motiven.

Der Turiner Erzengel Michael, der Luzifer besiegt, war das erste und wichtigste Werk dieser Reihe. Von Carlo Alberto 1844 erworben, schmückte es die große Halle der Armeria Reale in Turin. In der Krypta befindet es sich seit 1879, als Emanuele II. verfügte, es dort aufzustellen. Hier steht Michael seither, den besiegten Luzifer zu seinen Füßen, und wacht über die königlichen Gebeine. Eine weitere Besonderheit ist, dass nur noch von Finellis beiden Hauptwerken die Originalgipsabdrücke existieren. Die aller anderen Werke zerstörte der Künstler noch in seinem Todesjahr.

Adresse Basilica di Superga, 73 Strada Basilica di Superga, 10132 Turin | **ÖPNV** Tram 15 oder Bus 61, 68 bis Sassi, dann die Zahnradbahn oder Bus 79B bis Superga | **Öffnungszeiten** Mo–So 8–12 und 15–18 Uhr | **Tipp** Bevor man die Treppe zur Krypta hinabsteigt, sollte man einen Blick in den Raum rechts davor werfen. Hier hängt eine Galerie aller Päpste von Petrus bis Franziskus.

62 Die »ex voti« der La Conslà

Familiengeschichten

Es ist nicht der Dom, der das religiöse Zentrum der Stadt bildet. Das Herz des Glaubens ist das Marienheiligtum Santuario della Consolata, genannt »La Conslà«. An keinem anderen Gebäude arbeiteten alle großen Architekten ihrer Zeit. Von Guarini über Bertola und Ceppi bis Juvarra – alle hinterließen sie ihre Spuren. Von außen findet man eine Vielzahl von Baustilen. Die Fassade ist neoklassizistisch und der Glockenturm romanisch, sogar gotische Einflüsse sind zu erkennen. Das Innere aber ist geprägt durch prunkvollstes Rokoko. Eine Vielzahl von Kapellen, auf das Aufwendigste dekoriert, sind zwischen den schönen Marmorsäulen um den von Juvara entworfenen Altar herum angeordnet. In seiner Mitte: das Bild der Heiligen Jungfrau, das einem in Turin an vielen Orten begegnet. Dort, wo die Menschen Dankbarkeit zeigen wollten, verewigten sie ihre La Consolata, die Tröstende.

Über und über ist sie mit Dankesgaben, genannt »ex voti«, an die Muttergottes versehen. Ganze Wände sind geschmückt mit kleinen Medaillons des Sacro Cuore di Gesù, des »heiligsten Herzens Jesu«, selbst die marmornen Säulen sind Gaben großer Familien.

Den bewegendsten Einblick in die Gedankenwelt, die Sorgen und Probleme der Menschen findet man in einem Raum vor der Sakristei. Meterhoch bis an die Decke sind die Wände mit Bildern behangen, Beispiele naiver Kunst. Jedes einzelne erzählt die Geschichte einer Person aus dem letzten Jahrhundert. Sie bieten so private Einblicke, dass man sich manchmal als Eindringling in ganz persönliche Lebensbereiche fühlt. Viele berichten von überstandener Krankheit und anderen Alltäglichkeiten. Manche jedoch berühren einen tiefer, berichten von KZs, Bombardements im Ersten Weltkrieg, aus dem Leben der Partisanen oder von verheerenden Schiffsunglücken. Am Ende sind sie aber alle Zeugen dafür, dass es auch bei den größten Sorgen und in den schwersten Augenblicken Hoffnung gibt.

Adresse Piazza della Consolata, 10122 Turin | **ÖPNV** Tram 3, 16 bis Ospedale Cottolegno oder Bus 52, 67 bis Chiara | **Öffnungszeiten** Mo–So 7–19.30 Uhr | **Tipp** Links vor der Kirche finden sich die Überreste eines der Ecktürme der Stadtmauern aus römischer Zeit. Man erkennt deutlich, wie im Verlauf der Jahrtausende immer wieder auf vorhandene Bausubstanz aufgebaut wurde. Einen weiteren Überrest der Stadtmauer kann man im Polizeigebäude sehen, nahe dem gegenüberliegenden Stadttor Porta Palatina.

63 Faro della Vittoria

Ein Leuchtturm für den Sieg

Auf dem höchsten Turiner Hügel, dem Bric della Maddalena (716 Meter), befindet sich die imposante Statue der geflügelten Siegesgöttin Victoria. Mit 18,50 Metern ist es die dritthöchste Bronzestatue der Welt. Thronend auf einem acht Meter hohen Sockel aus Baveno-Granit, hält sie eine Fackel in der Hand und streckt ihren Arm gen Himmel. Nachts ist ihr Licht von überall zu sehen und wacht über die Stadt.

Die Statue wurde 1928 vom Fiat-Gründer, Senator Giovanni Agnelli, in Auftrag gegeben; geschaffen wurde das Werk von Edoardo Rubino, einem Bildhauer, der bekannt war für eine Vielzahl von Monumenten. Anlass war der 10. Jahrestag des Sieges über Österreich und Deutschland im Ersten Weltkrieg. An ebenjenen Krieg soll auch das umliegende Areal erinnern. An 4.900 Bäumen finden sich die Namen gefallener Soldaten. Interessant ist unter diesem Aspekt der Stil des Bauwerkes. Noch dem gerade in Turin verbreiteten Art déco verbunden, stellt sie eine Verbindung zwischen Fiat und der Stadt dar. Man erkennt aber schon den Einfluss der nationalistischen Atmosphäre und Rubinos Vorliebe für monumentale Bauten und eine besondere topografische Lage.

Nach einer aufwendigen Komplettsanierung im Jahr 2013 sieht man die Statue auch in einem anderen Licht. Mehr und mehr wird sie zum Symbol für die Überwindung von Krisen. Gerade die Torinesi sind überzeugt, dass Kultur die Voraussetzung ist, um schwere Zeiten zu überstehen. Die Geschichte findet ihre Verbindung mit der Gegenwart durch die am Sockel angebrachte Inschrift »FIAT LUX: FACTA ET LUX EST NOVA« (»Es werde Licht, und es wurde neues Licht«).

Heute ist die Gegend als »Parco della Maddalena« einer der größten Parks Turins. Etwas abgelegen und daher nicht überlaufen, bietet er vielfältige Freizeitmöglichkeiten. Ein Arboretum lädt ein, Picknickplätze und eine Anzahl von ausgebauten Wanderwegen bieten spannende Ausblicke und Szenerien.

Adresse Viale Carso, 10024 Turin | **ÖPNV** Bus 70 bis Maddalena, dann zu Fuß etwa 20 Minuten | **Öffnungszeiten** immer geöffnet | **Tipp** Ein weiteres Monument von Rubino befindet sich in den Giardini Reale hinter dem Palazzo Reale: das Monumento nazionale al Carabiniere.

64 FIAT Centro Storico

Mefistofele – der letzte Rekord des Roten Dämons

Verdient ist das Automobilmuseum eines der wichtigsten weltweit. Dennoch befindet sich ein einzigartiges Automobil-Highlight der Stadt in der Fiat-Werkssammlung. In einem Jugendstilgebäude am Geburtsort der Firma ist heute das Centro Storico untergebracht. Es erzählt die Geschichte von Fiat und damit auch Italiens und bietet Zugang zu großen Momenten der Automobilgeschichte. Neben Flugzeugen, Schiffen und den ersten Traktoren zeigt es unter einer Vielzahl von Automobilen eines, das wie vielleicht kein anderes eine Legende ist und fast eine eigene Seele hat.

Am 12. Juli 1924 auf einer Landstraße vor Paris in Arpajon: Es donnert laut, und den beißenden Nebel von Auspuffgasen begleitet ohrenbetäubendes Grollen. Den Anwesenden kommt es vor, als hätten sich die Tore zur Hölle aufgetan. Dann sieht man ihn endlich, den schwarzen Dämon, und die Menge, erinnert an den Teufel, dem Faust seine Seele verkaufte, raunte: »Mefistofele«. Den Namen, den er noch heute trägt. Langsam fährt er an, Benzin wird direkt in die Zylinder gekippt, und dann erreicht er, für was er angetreten ist: Er bricht mit 234,98 km/h den Landgeschwindigkeitsrekord; und dieser soll nie wieder auf einer öffentlichen Straße überboten werden.

Der Konstrukteur und zugleich einzige Fahrer, der diesen Boliden bändigen konnte, war der Brite Ernest Eldridge. Für den Mefistofele baute er einen havarierten Fiat SB 4 zu diesem einzigartigen Superwagen um, verlängerte ihn auf über fünf Meter und stattete ihn mit einem Flugzeugtriebwerk mit 21,7 Litern Hubraum aus. Er konnte noch drei weitere Rekorde aufstellen.

Es ist Gianni Agnelli zu verdanken, dass dieser Wagen heute nicht nur als einer der letzten seiner Ära existiert, sondern noch immer fahrbereit ist. Von ihm erworben, wurde er in Rosso Corsa überlackiert und kann heute von Besuchern in direktem Kontakt entdeckt werden. In einem regulären Museum wäre dies unmöglich.

Adresse 20 Via Gabriele Chiabrera, 10126 Turin | **ÖPNV** Bus 67 bis Dante oder Bus 42 bis Marenco | **Öffnungszeiten** So 10–19 Uhr | **Tipp** Ganz in der Nähe, am Eingang zum Parco Valentino, befindet sich die »Fontana dei 12 mesi« (»Zwölfmonats-Brunnen«). Hier verkörpern vier Figuren die vier Flüsse der Stadt (Po, Dora, Sangone, Stura) und zwölf Figuren die einzelnen Monate.

65_Der Finger des Kolumbus

Wie man sich ins Glück reiben kann

Dass Glücksbringer seit jeher Konjunktur haben, beweist in Turin die schöne Tradition, den Finger des Kolumbus zu reiben. Unter den Arkaden an der Piazza Castello, unweit des Eingangs zur Prefettura, befindet sich ein Bronzerelief. Dieses Werk von Dino Somà wurde am 12. Oktober 1923 der Öffentlichkeit übergeben. Es soll eigentlich an die italienischen Einwanderer in Südamerika während des Ersten Weltkrieges erinnern. Doch zumindest mit der unterhalb der Tafel angebrachten Medaille, die Christoph Kolumbus zeigt, verbindet man heute etwas anderes.

Hinter ihm seine Karavelle, hält sich Kolumbus nachdenklich eine Hand an den Kopf, mit der anderen richtet er einen Kompass auf den Globus. Sein kleiner Finger steht ab und gab bald Anlass zu einer schönen Tradition. Golden und poliert ragt er hervor, und man kann sich denken, was man zu tun hat: Man reibt ihn sanft, drückt ihn, und einer guten Reise oder bestandenen Prüfung sollte nichts mehr im Wege stehen. So zumindest will es die Tradition, und Generationen von Studenten und Reisenden bezeugen die Wirkung. Eine Anekdote besagt, dass eines Tages jemand den Finger in der Hand hielt – er war vom vielen Reiben so dünn geworden, dass er abbrach. Man kann nur hoffen, dass aus dem betroffenen Glücksritter kein Unglücksrabe geworden ist. Der Finger jedenfalls wurde ersetzt, und nun wartet man darauf, wem er als Nächstes in die Hand fällt.

Dem aufmerksamen Beobachter wird indes nicht entgehen, dass der Kompass genau auf zwei Punkte zeigt, zum einen auf Washington, zum anderen auf Lima, die Hauptstadt Perus. Manche behaupten, dies wäre eine Symbolik der Freimaurer oder Tempelritter. Warum auch nicht? Dass diese in Turin aktiv waren und viele Zeugnisse hinterließen, ist bekannt. Vielleicht entdecken Sie, was es mit Kolumbus' Zirkel auf sich hat. Wer weiß schon, zu welchen Wundern dieses Mysterium noch führen könnte.

Adresse 205/199 Piazza Castello, 10124 Turin | **ÖPNV** Tram 13, 15 oder Bus 55, 56 bis Castello | **Öffnungszeiten** nur von außen zu besichtigen | **Tipp** Wenn Sie es etwas magischer mögen, dann gehen Sie einfach ein paar Schritte weiter und stellen Sie sich mitten ins Tor zum Palazzo Reale. Genau hier, zwischen den Reiterstandbildern der Zeussöhne Kastor und Pollux, ist der Scheitelpunkt des Dreiecks zwischen Turin, Prag und Lyon. Es gilt als Zentrum positiver Kräfte.

66 Der Garten Cisterna

Eine vergessene Idylle inmitten der Stadt

Unweit von der Piazza San Carlo liegt die für den Verkehr gesperrte Via Carlo Alberto. Gegenüber der Camera di Commerzio blickt man durch große gusseiserne Tore und über Mauern hinweg in einen oft menschenleeren Garten. Der Eingang ist meist verschlossen, und so flaniert man weiter herum, anstatt hier eine Pause in einem der vielen Cafés einzulegen.

Dass der Garten trotz des verschlossenen Eingangs zugänglich ist, macht ihn zu einer ganz stillen Oase inmitten der Stadt. Im zugehörigen Gebäude, dem Palazzo dal Pozzo della Cisterna, residiert die Verwaltung der Provinz Turin. Eben über jene kann man den Garten betreten. Während man das Gebäude nur mit Voranküdigung besuchen kann, ist der Garten zu den Geschäftszeiten meist zugänglich. Der Eingang befindet sich um die Ecke in der Via Maria Vittorio. Durch die Einfahrt und über den hübschen Innenhof hinweg kommt man direkt ins Grüne.

Wohl weil er wenig besucht wird, ist der Garten etwas verwildert, aber gerade das macht ihn zu einem so geheimnisvollen Ort. Hier kann man die Metropole, den Verkehr, ja selbst die Menschen vor den Mauern und Toren für eine Weile vergessen. Angelegt wurde der Garten vom Kurator der Parkanlagen des Residenzschlosses Venaria Reale, Henri Duparc. Es war im Jahr 1678, nur drei Jahre nach der Fertigstellung des Palazzo für den Grafen Flaminio Ripa di Giaglione, dass sich dessen Frau diesen Garten wünschte. Mehrmals wechselte das Anwesen den Besitzer und wurde dabei immer prachtvoller ausgestattet. Durch die Heirat von Maria Vittoria dal Pozzo della Cisterna mit Amadeo I. di Savoia ging die Anlage in den Besitz der Savoyer über. Sie diente den Savoyer Herzögen von Aoste – Amadeo war zeitweilig auch König von Spanien – als Stadtresidenz. Jener Amadeo nahm auch die letzte große Veränderung am Garten vor: Er ließ die alten Mauern durch die heutigen gusseisernen Zäune ersetzen.

Adresse 12 Via Maria Vittoria, 10123 Turin, Tel. 0039/0118612644 | **ÖPNV** Bus 18, 61, 68 bis Carlo Emanuele II | **Öffnungszeiten** Mo–Do 9–17 Uhr, Fr 9–13 Uhr, Gebäude nach Voranmeldung | **Tipp** Fußläufig erreicht man von hier auch einen anderen Garten der Stadt: den ganz englisch geprägten Giardino Sambuy inmitten des Piazza Carlo Felice. Er ist immer ein schöner Ort, doch im Herbst wird er geradezu magisch, dann fällt das bunte Laub von den Bäumen und lässt großzügig das Licht herein.

67_Das gepiercte Haus

Urbane Küsse

Mitten im Zentrum von Turin steht ein Gebäude aus dem 18. Jahrhundert, bei dem es sich lohnt, es mit erhobenem Kopf zu passieren. Auf dem Weg vom Palazzo Castello zum Palazzo di Città steht das Haus, kurz vor dem Rathausplatz auf der linken Seite. An der Ecke zum vierten Stockwerk durchbricht ein großes Piercing die Wände.

Es handelt sich um eine Arbeit des ebenso vielfältigen wie umstrittenen Architekten Corrado Levi in Zusammenarbeit mit »Cliostraat«, einer Gruppe ebensolcher Künstler. Der eigentliche Titel ist »Baci Urbani« (»Urbane Küsse«), im Volksmund heißt es aber einfach »Palazzo col piercing«. Errichtet im Vorfeld der Jugendbiennale, fand es zusammen mit drei anderen Installationen im März 1996 seinen Platz an diesem Ort. Dank der Unterstützung eines lokalen Unternehmers ist dies die einzige davon noch heute öffentlich präsentierte Arbeit.

Dort, wo das Piercing die Wand durchbricht, rinnen Blutstropfen hinab, auf der einen Seite in Blau und auf der anderen in Rot. Sie symbolisieren die beiden Seelen von Turin und wollen die Stadt als lebenden Organismus darstellen. Das aristokratische und das der Arbeiter. Das blaue Blut an der Seite zum noblen Zentrum, dem Schloss, und das rote zu den als gewöhnlicher betrachteten Stadtteilen mit dem bürgerlichen Rathaus. Das Piercing verbindet beide – vielleicht ist es manchmal schmerzvoll, aber dennoch ist dies eine Gemeinschaft, die gerade für Turin exemplarisch ist.

Es lohnt sich, sich noch kurz mit Corrado Levi zu beschäftigen. Geboren 1936, wurde er bald als junger, kreativer Architekt bekannt. Heute hingegen ist er auch als Künstler, Kurator und anstrengender Provokateur berühmt. Als Schriftsteller verfasste er unter anderem das »New Kamasutra«. Mit außergewöhnlichen Worten schreibt er darin von Sadomasochismus, Schwulenbewegung und Feminismus. Levi ist wie sein gepierctes Haus eine Anspielung auf die Borniertheit einer Gesellschaft, die auch er mitveränderte.

Adresse 19 Via Palazzo di Città, 10122 Turin | ÖPNV Tram 4, 6, 7 oder Bus 11, 27, 51, 57, 92 bis Garibaldi | Öffnungszeiten immer zugänglich | Tipp Ein Stück weiter auf der Piazza Palazzo di Città steht eine Statue des »Conte Verde« (»grüner Graf«). Amedeo VI di Savoia war seit seiner Jugend als vortrefflicher Kämpfer bekannt und trug stets grüne Flaggen und Waffen.

68_Das Ghetto ebraico

Die Tore zum jüdischen Ghetto

Wie viele europäische Städte blickt auch Turin auf eine lange jüdische Tradition zurück. Bis zum Jahr 1679 lebten Christen und Juden relativ ungestört zusammen. Auf Druck der Franzosen ließ die Mutter von Viktor Amadeus II., die damalige Regentin, das erste Ghetto errichten. Dieses umfasste den Block, der heute von den Straßen Via Vittoria, Bogino, Amedeo und da Paola begrenzt wird. Die Tore wurden bei Sonnenuntergang geschlossen und von Polizeikräften bewacht. Noch immer sind sie – inzwischen durch gusseiserne Gitter ersetzt – vorhanden und erinnern an die frühe Diskriminierung. Mit der Machtübernahme durch Viktor Amadeus II. wurden die restriktiven Bestimmungen bestätigt und auf das gesamte Piemont ausgeweitet. Dies ist einer der Gründe, warum der Anteil der jüdischen Bewohner relativ konstant bei etwa zwei Prozent der Stadtbevölkerung blieb. Es gab schlicht keine Möglichkeit, auszuweichen.

Durch das Wachstum Turins vergrößerte sich also auch die Zahl der Juden und verdoppelte sich auf etwa 1.500 Personen. Eine Erweiterung des Ghettos war notwendig und schloss sich in Richtung des heutigen Piazza Carlina an. Hier dokumentiert das Haus an der Ecke zur Via Ambrois die Geschichte. Man sieht deutlich, dass es im Gegensatz zu den Nachbargebäuden über weit mehr Stockwerke auf gleichem Raum verfügt. Etwa 300 meist ärmere Juden lebten hier, dicht gedrängt.

Die Situation verbesserte sich erst im 19. Jahrhundert, und man plante sogar, eine große Synagoge zu errichten. Die Gemeinde beauftragte den berühmten Architekten Antonelli mit der Errichtung von »La Mole«, dem heutigen Wahrzeichen Turins. Die Kosten für dieses Projekt lagen jedoch bald so hoch, dass man gezwungen war, das Gebäude an die Stadt zu verkaufen. Heute befindet sich darin das Nationale Kinomuseum. Die endgültige Synagoge wurde 1884 im Stadtteil San Salvario eröffnet und bietet 1.400 Menschen Platz.

Adresse 12 Via da Paola, 17 Via Bogino, 10123 Turin | **ÖPNV** Bus 18, 61, 68 bis Carlo Emanuele II | **Öffnungszeiten** nur von außen zu besichtigen | **Tipp** Die beeindruckende Synagoge, der Tempio Israelitico, befindet sich an der Via Sant Anselmo. Mit ihrem neo-maurischen Stil unterscheidet sie sich stark vom Stadtbild. Vom jüdischen Leben im Piemont erzählen noch weitere Stätten, zum Beispiel der hebräische Friedhof in Acqui Terme und ein Museum in Asti.

69 Das Grab des Henkers

Warum man Brot nicht umgedreht über den Tresen reicht

Was der »Bogeyman« für die Kinder in Amerika, das ist Pietro Pantoni in Turin. Seit dem 13. Jahrhundert hießen in Italien immer wieder berüchtigte Henker so, obwohl sie selten miteinander verwandt waren. Der berühmteste und letzte Henker namens Pantoni lebte in der Via Bonelli 2. Seine Gebeine liegen als Reliquien in der Kirche der Barmherzigkeit und sind nur am Sonntagmorgen zur Messe zugänglich.

Auch wenn das Geschäft mit dem Beil und der Verkauf von Menschenfett, das als Wundermittel galt, recht einträglich waren, gab es keinen Bürger, der weniger geachtet wurde als der Henker. Selbst in der Kirche musste er abseits der anderen Platz nehmen, seinen Lohn warf ihm der Gerichtsdiener mit der Feuerzange die Treppe hinunter. Daran erinnert noch heute das geflügelte Wort, dass man etwas »nicht für bare Münze« nimmt. Sein Haus hingegen war bekannt als das sauberste der Stadt. Nicht dass das eine Auszeichnung war: Es lag schlicht daran, dass seine Frau selbiges aus Scham nie verließ. Auch fiel es Pietro schwer, einen Bäcker zu finden, der ihm Brot verkaufte. Wenn, dann reichten diese es aus Abneigung ihm nur verkehrt herum über den Tresen. Das ging so weit, dass ein Gesetz erlassen wurde, diesen Brauch zu verbieten. Dass jener aber eine lange Tradition hat, sieht man daran, dass bereits im 14. Jahrhundert die Bäcker ermahnt wurden: »Entweder ihr akzeptiert den Henker als euren Kunden, oder ihr werdet Kunden des Henkers!« Da erfanden die Bäcker ein Brot in Ziegelform, das Sandwichbrot. Wie herum auch immer, konnten sie es dem Henker weiterhin falsch reichen und das Gegenteil behaupten. Noch heute gilt es als verächtlich, Brot umgedreht darzureichen.

Ohne den Henker Pantoni würden sich Turiner Kinder weniger gruseln, gäbe es kein Sandwich, würden wir nicht von »barer Münze« sprechen, und die Drohung mit dem Henker wäre wohl nie zu einem Bonmot des schwarzen Humors geworden.

Adresse Chiesa della Misericordia, 41 Via Barbaroux, 10122 Turin | ÖPNV Bus 5 bis Arbarello, Bus 52, 67 bis Garibaldi | Öffnungszeiten So 10–12 Uhr, lateinische Messe um 11 Uhr | Tipp Eine Gelegenheit, bei einem Tramezzini und dem besten Bicerin der Stadt über den Henker von Turin zu grübeln, bietet das Caffè Mulassano an der Piazza Castello. In diesem wahren Schmuckkästchen einer Bar wurden 1925 die kleinen italienischen Sandwiches aus besagtem Brot erfunden.

70 Guido Gobino

Schokolade von Turin into space

Die Geschichte der Schokolade in Turin reicht weit zurück. Ein königliches Dekret erlaubte 1678 die Herstellung von Schokolade in der Stadt. Zeitweise wurde nirgends sonst eine solche Menge produziert wie hier. Noch immer finden sich sogenannte »Laboratori di Cioccolato«, deren Ursprünge weit in die Vergangenheit reichen. Zu den Klassikern gehören neben dem Gianduja auch noch Alpini, Cremini und Liquorose. Nicht zu vergessen das Stadtgetränk, der im Gläschen servierte Bicerin – eine Mischung aus Schokolade, Kaffee, Milch und Crema di una volta.

Dass Schokolade hier mehr als eine Tradition ist, beweist keiner besser als Guido Gobino. Wenn auch die Geschichte des Unternehmens einige Jahrzehnte zurückreicht, bis zu seinem Vater Giuseppe, ist es eines der neueren Schokoladenlabore. In Italien behaupten viele, er sei der beste Chocolatier der Welt. Dass dies gut möglich ist, davon zeugen mehrere äußerst begehrte internationale Auszeichnungen. Allein schon, dass viele seiner Kreationen nicht international, ja nicht einmal regional verkauft werden, sondern nur in Turin, ist bereits eine Reise wert. Wer seine kleinen, ganz frischen »Ganaches da meditazione« probiert, versteht, warum. Andere Produkte finden sich in den besten Department Stores der Welt, den Küchen berühmter Köche – und im Weltraum.

Der italienische Astronaut Luca Parmitano führte 2013 die »Volare«-Mission zur Internationalen Raumstation, im Gepäck: Schokolade von Gobino. Die internationale Crew wurde mit seinen kleinen Schokoladenbarren »Cialdini« und schokoladenummantelten Kaffeebohnen verwöhnt. Das unbemannte Shuttle »Albert Einstein« übernahm die sichere Lieferung der nun auch im Himmel beliebten Spezialitäten aus Turin. Die »Cialdini« wie auch die »Chicchi« genannten Bohnen findet man auch vor Ort, eine Weltraumreise ist nicht nötig. Man besucht die Bottega oder das Labor, riecht und fühlt Schokolade wie nie zuvor.

Adresse Bottega: 1 Via Lagrange, 10123 Turin; Laboratorio: 15b Via Cagliari, 10153 Turin, Tel. 0039/0112476245 | **ÖPNV** Bottega: Tram 13, 15 oder Bus 1, 4, 55, 56 bis Castello; Laboratorio: Bus 19, 68 bis Verona | **Öffnungszeiten** Labor mit Voranmeldung, Bottega Mo 15–20 Uhr, Di–So 10–20 Uhr | **Tipp** Ganz in der Nähe, in der Via Catania 9, befindet sich ein anderes Unternehmen süßer Köstlichkeiten: La Perla di Torino bereitet hervorragende Tartufi Dolce, kleine Nougatbarren, die man am besten in den Version Bianco oder Pistacchio probieren sollte.

71 Das Haus der Fledermäuse

Alles Spaß, oder nachts werden sie lebendig

Vergessen wir einmal all die Gargoyles, die mythischen Figuren, all die Drachen und Fratzen, die uns, zu Stein geworden, in dieser Stadt so häufig begegnen wie nirgends sonst. Stellen wir uns dafür vor, dass Turin eine Stadt von Scherzkeksen und Gentlemen mit geradezu britischem Humor ist. Gehen wir jetzt durch die Straßen und schauen noch einmal genau hin, sehen wir das verschmitzte Lächeln von Zwergen, den Teufel mit herausgestreckter Zunge oder zwei riesige Fledermäuse, wie an der Kreuzung Via Madama Cristina / Via Silvio Pellico, wo ein Haus von bescheidener Schönheit aus dem 19. Jahrhundert steht. An jeder Seite hat es einen Balkon, und selbst wenn man täglich hier vorbeikommt, nimmt man nichts Besonderes wahr. Doch es lohnt sich, genauer hinzusehen. Oben hängen unter den Balkonen, gut getarnt, zwei riesige Fledermäuse. Neckisch grinsen sie herab, als ob sie sich jeden Moment auf einen stürzen wollen. Die Legende besagt, dass sie in manchen Nächten zum Leben erwachen – zwei weitere Botschafter des Bösen, hier in der als »Avenue des Teufels« bekannten Via Madama Cristina. Aber zumindest in diesem Fall sollte man sich der schönen Schauergeschichten nicht zu sicher sein.

Es war Pasquale Zanzi, der Eigentümer dieses Hauses, der das Haus 1876 ausbauen und die Figuren anbringen ließ. Er war ein Mann von ganz ausgesuchtem Humor, weit gereist, gebildet, ein klassisches Original, erfüllt von dem Wunsch, immer wieder zu überraschen. Und so ist diese Dekoration selbst für Turin einzigartig.

Wie so oft im Leben steckt auch hier hinter dem Offensichtlichen etwas anderes. Mancher behauptet, dass zu der Zeit, als das Haus erweitert wurde, ein paar junge Mädchen in der Gegend verschwanden. Auch nach langer Suche konnte keines gefunden werden, nicht einmal eine Spur fand man. Und eines Morgens dann grinsten zwei Fledermäuse von den Balkonen herab. Fast menschlich, könnte man meinen.

Adresse Via Madama Cristina 19, 10125 Turin | **ÖPNV** Tram 9 oder Bus 24, 52, 64, 67 bis Madama Cristina | **Öffnungszeiten** immer zugänglich | **Tipp** In derselben Straße, Hausnummer 29, befindet sich ein weiteres sehenswertes Gebäude: Die Pforte der »Casa dei Draghi«, aus feinstem Kirschholz, wird von Drachen bewacht.

72 Die Kanonenkugeln

Ein Stück Geschichte, das in den Fassaden steckt

Man erkennt sie nicht sofort, die schwarzen, runden Objekte in so mancher Hauswand. Doch wenn man weiß, wonach man suchen muss, dann wird das Entdecken bei einem Spaziergang zu einem Zeitvertreib: die Kanonenkugeln. Viele stecken unbeachtet in den Fassaden der Paläste, doch einige von ihnen haben ihre eigene Geschichte zu erzählen.

Man schrieb den 14. Mai 1706, als der Krieg über Turin hereinbrach. Eine Katastrophe von so gewaltigem Ausmaß, dass sie noch heute ebenso fest im Gedächtnis der Stadt wie in ihren Mauern steckt. Es folgten 117 Tage der Belagerung und des Kanonenkugelhagels durch französische Truppen während des Spanischen Erbfolgekrieges. Erst der zweite Versuch der Entsetzung durch Prinz Eugen war ein Erfolg und verpflichtete Frankreich, seine Ansprüche auf Italien zu widerrufen. Aus dieser Zeit stammt auch die wohl berühmteste Kugel, diejenige am Marienheiligtum Santuaria della Consulata. Es wird der Jungfrau Maria zugeschrieben, dass diese nicht die Kuppel traf, sondern kurz darunter in das Mauerwerk einschlug. Zur bleibenden Erinnerung an dieses »Wunder« wurde die Kugel in eine Gedenktafel eingefügt, die fälschlicherweise das Jahr 1704 angibt. Man sah davon ab, dies zu korrigieren, und trug mit diesem Fehler sein Übriges zum Ruhm dieses Fehlzünders bei.

Wenig mehr als 100 Jahre später machte sich ein anderer Franzose auf, Italien zu erobern. Nach einigen Misserfolgen gelang es Napoleon Bonaparte am 20. Juni 1800, Turin einzunehmen und dann ganz Italien zu besetzen. Der Ausrufung der Subalpinischen Republik ging ein erneutes Bombardement voraus. Auch von diesem Ereignis erzählen noch einige Kugeln, unter anderem am Rathaus, dem Palazzo di Città. Während der 15-jährigen napoleonischen Herrschaft begann eine Umgestaltung der Stadt wie nie zuvor. Festungsanlagen wurden geschliffen, Parks und neue Quartiere errichtet. Ein wenig Frankreich spürt man heute noch in Turin.

Adresse Piazza San Carlo, Via della Consolata, Piazza di Palazzo di Città, Museo MIAAO, 10123 Turin | **ÖPNV** Tram 13, 15 oder Bus 1, 4, 55, 56 bis Castello | **Öffnungszeiten** nur von außen zu besichtigen | **Tipp** Das Museum MIAAO, in dessen Fassade eine Kugel steckt, bietet interessante Ausstellungen. Gebrauchskunst wird hier in schmalen, langen Räumen inszeniert. Es befindet sich unweit des Ägyptischen Museums in der Via Maria Vittorio 5.

73_Luxuriöses Crimea

Wie man sich eine Lange Weile schön vertreibt

Keine Mühsal, keine Sorgen und das Geheimnis, wie man das Nichtstun glücklich verbringt: Auf den Hügeln hinter dem Po leben die wohlhabendsten Torinesi. Diese Gegend der Fiat-Familie und ihres legendären Reichtums wegen »Agnelli Hills« zu nennen wäre nicht ganz abwegig. Der Unterschied zu Beverly Hills ist, dass man hier überhaupt nichts vom Schaulaufen hält. Alles ist gediegen, aufgeräumt und überaus freundlich. Die Ferraris und Maseratis kreischen hier nicht nach Aufmerksamkeit, sondern schnurren wie dressierte Kätzchen – der perfekte Ort, um einen Tag zu verbringen, von dem man nicht weiß, was man mit ihm anfangen soll.

Man beginnt mit einem Frühstück im Sabaude am Corso Casale, einem jungen Café, das, schon jetzt zur Institution geworden, noch in 100 Jahren hier den Morgen zelebrieren wird. Die freundliche Bedienung serviert einzigartige Vollkorncroissants und Brioches, dazu Cappuccino und einen Teller mit Moussevariationen, und das Glück kann beginnen. In der Via Monferrato warten kleine Boutiquen mit individuellem Schuhwerk und Kleidung und vor allem den schönsten Einrichtungsgegenständen. Leuchter aus Murano, nach Lavendel duftende Tischwaren, moderne Kunst und antike Schätze. Es lohnt sich auch, durch offene Tore zu treten. Hinterhöfe, liebevoll restauriert, bewahren das alte Turin. Zum Pranzo besucht man den Garten des »Aroma« zu einem unwiderstehlichen Mittagsmenü. Danach geht man die Straßen zwischen den mondänen Villen entlang. Während der Krimkriege gebaut, wurde die Gegend nach dem Schwarzmeerparadies benannt.

Um den Tag nicht ganz ohne Anstrengung zu verbringen, besteigt man den Monte dei Cappuccini mit seinem Kloster und Panoramablick. Dann wird es Zeit, sich auf das wohlverdiente Dinner einzurichten. Wieder unten, sitzt man im Gran Café und bekommt zu seinem Drink eine ganze Reihe kleiner Köstlichkeiten serviert. So ohne Sorgen kann man den Abend beginnen.

Adresse Piazza Gran Madre di Dio, 10131 Turin | **ÖPNV** Tram 13 oder Bus 16, 73 bis Gran Madre | **Öffnungszeiten** immer zugänglich | **Tipp** Ein Stück den Hügel hinter der Gran Madre hinauf kommt man zur Villa della Regina, einer königlichen Villa, die man ohne Führung eigenständig entdecken kann.

74 Die Madonna del Pilone

Das Wunder der Lieben Frau vom Stab

Unweit des Motovelodromo liegt am Ufer des Po die fast vergessene Kirche der Madonna del Pilone, idyllisch, nur einen Steinwurf vom Stadtzentrum entfernt, empfängt sie mit ihrer Geschichte. Im April 1644 begab sich Margherita Molar mit ihrer Tochter gleichen Namens zur hier gelegenen Wassermühle. Während die Mutter mit dem Müller sprach, spielte das Kind neugierig im Gebäude. Unglücklicherweise öffnete es die Wartungsluke über dem Mühlrad und fiel hinunter. Schreie schreckten die Menschen beiderseits des Flusses auf. Das Rad hob den Körper der kleinen Margherita noch dreimal empor, bis er in den Wassermassen verschwand. Vergeblich suchte man bis zum Einbruch der Dunkelheit nach dem Mädchen. Die Mutter wusste, dass nur ein Wunder helfen konnte: Sie begab sich zur nahen, 1587 errichteten Votivsäule mit dem Bild der Muttergottes und betete inbrünstig. Darauf erhob sich eine Lichtgestalt von der Säule und begab sich auf den Fluss. Dort erblickte man eine Hand, die aus dem Wasser ragte. Ein Boot fuhr in die von der Madonna erleuchtete Nacht, und man zog das Kind wohlbehalten hinauf. »Ein Wunder!«, riefen die Umstehenden, und der Ort wurde zu einem viel geehrten Heiligtum.

Eine 1645 errichtete Kapelle erhielt solchen Zulauf, dass Kardinal di Savoia und Herzogin Cristina den heutigen Bau initiierten. Das ursprüngliche Bild der Marienverkündigung befindet sich im von der Herzogin gestifteten Altar. In der Kuppel finden sich Fresken von Guidobono. Die reich dekorierte Innenausstattung, Stuckarbeiten von Casella und gewölbte Giebel sind für Turin seltene Prunkstücke des 17. Jahrhunderts. Dennoch ist nichts überbordend, und es entfaltet sich eine Privatheit, wie man sie in den sakralen Bauten der Residenzstadt selten findet. Die Lage direkt am Fluss lädt zum Verweilen bei Wanderungen in die Umgebung ein. Man findet hier einen Ort von beinahe ländlicher Ruhe, mitten in der Großstadt.

Adresse 195 Corso Casale, 10132 Turin | **ÖPNV** Tram 3, 4 oder Bus 30, 54, 61, 66 bis Monteu da Po | **Öffnungszeiten** täglich, aber zu unregelmäßigen Zeiten | **Tipp** Wenn man vor der Kirche dem Po folgt, kommt man nach etwa 30 Minuten zu Fuß zum Zusammenfluss von Po und Dora. Gerade am frühen Abend bietet sich einem hier ein prachtvolles Schauspiel von Licht und Natur.

75_MAU

Das Street-Art-Museum

Turin hat es mit seinen Museen, die nach Katzenjammer klingen: MIAAO, MAO und eben MAU. Das erste Outdoor-Street-Art-Museum Italiens eröffnete 1996 mit 13 Werken. Heute finden sich im Stadtteil Campidoglio und darüber hinaus 143 Arbeiten von 93 Künstlern.

Die einstige zentrumsnahe Siedlung entging während der großen Stadterneuerung 1959 nur knapp einer vollständigen Umwandlung. Zum Glück, denn mit seinen niedrigen Häusern, angelegt um begrünte Innenhöfe, und seinen engen Gassen ist es noch immer ein Stück Land in der Stadt. Hier lebt das nachbarschaftliche Miteinander, und die Menschen kümmern sich umeinander.

Um die Kunst zu entdecken, geht man am besten zu Fuß von der Via Balme zur Piazza Perotti oder unternimmt eine entspannte Fahrradtour. Dabei begegnet man den surrealen Fenstern von Barile, Wänden von di Sambuy und der Giraffe von Gianasso. Wenn man vor der Kirche S. Alfonso Maria dè Liguoriden zur Via Netro blickt, entdeckt man einen spannenden Kontrast zwischen sakralem Bau und einem Kunstwerk, das mit der Heiligkeit spielt. Zwischendurch nimmt man auf zu Kunstwerken umgewandelten Bänken Platz und denkt über den Sinn und die Aussage des Gesehenen nach.

Zu den Arbeiten werden junge wie auch etablierte Künstler eingeladen – Erstere profitieren von der Erfahrung der bekannteren Künstler, und jene sammeln nicht nur neue Inspiration, sondern erschließen sich eine ganz neue Art der Präsentation im öffentlichen Raum. Die Besucher sind an beiden interessiert und finden eine beeindruckende Sammlung vor. Nicht nur die unterschiedlichsten Materialien, sondern auch diverse Stile bieten spannende Abwechslung. Vom typischen Graffito über großflächige Wandmalereien bis zu Installationen kann man einen Überblick über die gesamte Vielfalt der Urban Art erhalten. Die Sammlung wächst unterdessen weiter, und man darf immer wieder etwas Neues entdecken.

Adresse 7 Via Rocciamelone, 10143 Turin | **ÖPNV** Tram 9, 16 bis Maria Vittorio oder Bus 71 bis Moncenisio | **Öffnungszeiten** nur von außen zu besichtigen | **Tipp** Einige interessante Graffiti finden sich auch im Stadtviertel Vanchiglia zwischen Po und Dora: an der Wand vor dem Gasometer zum Beispiel der schon berühmt gewordene Schriftzug KURZ.

76 Das Mausoleum der Bela Rosin

Die schöne Rosa, der man keine Ruhe gönnte

Früh verliebte sich Kronprinz Vittorio Emanuele II. in die 14-jährige Rosa Vercellana, die Tochter eines Jagdaufsehers. Ihre Liebe hielt ihr ganzes gemeinsames Leben lang. Nachdem er kurz nach seiner Krönung Witwer wurde, stand Vittorio bald öffentlich zu Rosa. Vom Volk wurde sie, obgleich sie des Lesens und Schreibens nicht mächtig war, hoch geachtet. Bald schon nannte man sie ihres Aussehens und ihrer Bescheidenheit wegen »Bela Rosin«, die schöne Rosa. Während einer schweren Krankheit 1869 nahm Vittorio Emanuele seine Geliebte in einer kirchlichen Zeremonie zur Frau, und kurz vor seinem Tod wurden beide im Jahr 1877 auch standesamtlich vermählt. Nach ihrem Ableben im Alter von 52 Jahren verweigerte der königliche Hof ihr die Beisetzung im Pantheon in der Nähe ihres Mannes. In einem symbolischen Akt errichteten die gemeinsamen Kinder in Turin im Stadtteil Mirafiori, deren Gräfin sie seit Langem war, eine Kopie dieses Gebäudes, das folgenden Generationen als Familienmausoleum diente. Anders als das Pantheon in Rom steht die Kopie frei auf einem etwa 29.000 Quadratmeter großen Gelände am Ufer des Sangone. Eingerahmt von einer Mauer und hohen Bäumen, ist es ein Ort, der zur Einkehr und Ruhe einlädt.

Im Jahr 1970 wurde das Mausoleum vom letzten Nachfahren der Rosa Vercellana für umgerechnet etwa 24.000 Euro an die Stadt verkauft. Der Öffentlichkeit zugänglich gemacht, wurden die Gräber auf der Suche nach Schmuck geschändet, woraufhin man die verstümmelten Körper auf den Cimitero Monumentale überführte. Bald schon war, befeuert von weiterem Vandalismus, eine urbane Legende geboren, wonach an diesem Ort satanische Riten abgehalten und grausige Verbrechen begangen würden. Mehrfach renoviert, hat es alle Schändungen und diverse Nutzungspläne überstanden. Heute wird die Anlage vor allem für literarische Events genutzt.

Adresse 148 Strada Castello di Mirafiori, 10135 Turin | **ÖPNV** Bus 34, 63 bis Verga, Bus 39, 41, 96 oder Tram 4 bis Castello di Mirafiori | **Öffnungszeiten** April–Okt. Mi–So 10–12 und 15.30–19.30 Uhr, Nov.–März Fr–So 10–12 und 14.30–17 Uhr | **Tipp** Die Straße ein Stück hinunter befindet sich die Kirche Parrocchiale Visitazione di Maria mit den Insignien der Bela Rosin (Hausnummer 42). Auf halbem Weg können Sie auf der anderen Straßenseite in einem kleinen Park am dahinterliegenden Gebäude die »Wanze auf der Mauer« besuchen.

77_Das Mausoleum von Tamagno

Der weiße Turm von Verdis Otello

Wenn man an beeindruckende Friedhöfe denkt, fällt einem der Monumentalfriedhof in Mailand ein oder Père Lachaise in Paris, man denkt an London oder Buenos Aires. Dass sich in Turin ein Friedhof befindet, der in Gestaltung und Größe die meisten anderen übertrifft, bleibt meist unerwähnt. Der 1829 eingeweihte Cimitero monumentale di Torino ist älter als sein Mailänder Gegenstück und mit 60 Hektar mehr als doppelt so groß. Selbst den berühmten Pariser Zentralfriedhof überragt er um die Hälfte.

Hinter hohen Mauern gelegen, ist er nie überlaufen, ein Ort ganz besonderer Ruhe, mit zu Stein gewordenen Geschichten. In manche der vielen Krypten kann man hinabsteigen, und die aufwendige Bildhauerkunst unter den Kreuzgängen führt zu berühmten Namen. Ein Monument erhebt sich als weißer Turm über all die anderen: das Grab von Francesco Tamagno, dem berühmtesten italienischen Opernsänger des 19. Jahrhunderts. Mit Beharrlichkeit wurde der aus armer Familie stammende Francesco Ersatzsänger am Teatro Regio. Als er dann endlich auf die Bühne durfte, hieß es, dass die Kronleuchter vibrierten. An der Mailänder Skala begegnete ihm Verdi, der erst skeptisch war, dann aber ein großer Bewunderer wurde und ihm die Titelrolle seiner Oper »Otello« auf den Leib schrieb. Seine größte Liebe war aber nicht die Musik – es war seine Tochter, für die er »sein Leben tausendmal geben« wollte. Das Kind stammte aus einer Affäre mit einer verheirateten Frau (damals etwas Unerhörtes), und er zog es als alleinerziehender Vater auf.

Mit nur 54 Jahren starb Tamagno 1905 im Beisein seiner kleinen Familie in Varese. Im Jahr darauf beschloss man, ihm ein monumentales Grab zu bauen. Fertiggestellt am 30. April 1912, reicht es 37 Meter in die Höhe. 18 von Sphinxen flankierte Stufen führen in sein Inneres, wo der unvergessene Sänger in einem Sarkophag ruht.

Adresse 135 Corso Novara, 10154 Turin | **ÖPNV** Tram 3, 15 bis Tortona oder Bus 19, 68, 57 bis Cimitero Monumentale | **Öffnungszeiten** Mo–So 8.30–17.30 Uhr | **Tipp** Von Interesse ist auch der ehemalige Cimitero di San Pietro in Vincoli an der gleichnamigen Piazza. Er ist der erste Friedhof nach dem Verbot der Bestattung in Kirchen von 1776. Mit seiner Aufgabe war die Anlage Vandalismus ausgesetzt, schwarze Messen wurden hier gefeiert. Heute ist er renoviert, und die Gräber wurden (mit Ausnahme der Krypten) auf den Monumentale überführt. Man sagt, dass hier nachts der Geist der Tochter des russischen Botschafters Belozerskij umherwandelt.

78 La Monachella

Pizza aus dem antiken Ofen von Carlina

Die Pizza ist natürlich kein piemontesisches Gericht. Aber in Turin bereiten einige der besten »pizzaioli« diese in allen nur erdenklichen Zusammenstellungen zu. Der Grund ist schnell erklärt. Mit der aufkommenden Industrialisierung – man denke an Fiat – kamen Menschen aus allen Regionen Italiens hierher, um Arbeit zu finden. Noch immer wirkt Turin nicht unbedingt italienisch, die Zugezogenen adoptierten gerne die Lebensweise dieser Stadt. Aber alle brachten ihre Rezepte und Spezialitäten mit. Zusammen machen sie Turin zu einem Schmelztiegel der Geschmäcker Italiens, wie man ihn nicht ein zweites Mal findet.

Dass es Pizza hier aber wohl schon weitaus länger gibt, davon kann man sich an der Piazza Carlina überzeugen. Eigentlich heißt die Piazza »Carlo Emanuele II«, aber kaum jemand nennt sie so. Seit dem 17. Jahrhundert nennt man sie nach dem Spitznamen des einstigen Herrschers, der etwas feminin daherkam. Aus dem 17. Jahrhundert stammt auch das Gebäude in der Via Santa Croce 2. Noch heute wird dort ein antiker Holzofen betrieben. Er erinnert an die Zeit, als man hier die Brote für den Palast, das jüdische Ghetto und die Nonnen der Umgebung buk. Es heißt, dass die Nonnen aus dem benachbarten Kloster (heute Institut für Tier- und Humanbiologie) hier die ersten Pizzen und Focacce der Stadt buken. Neben Brot und Grissini legten sie einer Lieferung an den Palast auch eine duftende Focaccia bei. So kam es, dass diese am Turiner Hof eingeführt wurde und von da an den edlen Damen und Herren mundete und auch so manchem gekrönten Staatsgast serviert wurde.

Das Restaurant heißt heute in Erinnerung an die Nonnen »La Monachella«. Obwohl mitten in der Stadt, finden oft nur Einheimische hierher. Es ist ein wirklich italienischer Genuss, an lauen Sommerabenden unter den Schirmen und Markisen zu sitzen, bei Pizza und Wein über die Piazza zu schauen und das Leben dieser Stadt zu atmen.

Adresse 2 Via Santa Croce, 10123 Turin | ÖPNV Bus 18, 61, 68 bis Carlo Emanuele II | Öffnungszeiten Di–So 12–14.30 und 18.30–0.30 Uhr | Tipp Wo heute an der Piazza Carlina das NH Hotel residiert, befand sich früher eine Herberge für Jungen. Diese durften hier bis zum Abschluss einer Lehre kostenlos wohnen. Auch der Schriftsteller und Marxist Gramsci fand hier Unterkunft.

79 Das Motovelodromo

Die Formel 1 der 20er Jahre

Was für unsere Zeit die Formel 1 ist, war in den 20er und 30er Jahren das Radrennfahren. Einer der unangefochtenen Stars damals war der Piemonteser Fausto Coppi. Seit 1990 trägt das 70 Jahre zuvor von Ballatore di Rosana entworfene Stadion seinen Namen. Noch immer ist es ein herausragendes Beispiel der Turiner Version der Belle Époque, des sogenannten »liberty torinese«.

Heute können wir froh sein, dass das Stadion zu seiner Zeit so technisch revolutionär war, dass es trotz vieler Ideen kaum kostendeckend zu betreiben war. So steht es seit nahezu 100 Jahren fast im Originalzustand an der Ausfahrtstraße in Richtung San Mauro Torinese. Bereits nach wenigen Jahren musste man es anderen Sportarten wie Rugby und Fußball öffnen. Schon 1929 führte man hier sogar Verdis »Aida« auf. In der Ära des italienischen Faschismus erfuhr es noch einmal eine rege Nutzung, als Aufmarschstätte. Schwer beschädigt während der Bombardierung der Stadt im Zweiten Weltkrieg, wurde es bereits 1947 originalgetreu wiederhergestellt. Mitte der 80er Jahre fiel es dann vollends in einen Dämmerschlaf. Heute ist es ein einsames Monument einer Zeit, als Schönheit, technische Revolutionen und Rekorde der Motor der Gesellschaft waren. Ein Ort ungewohnter Faszination. Man sollte nicht versäumen, das Stadion von außen zu umwandern. Von seiner höher gelegenen Rückseite an der Via Lomellina aus erhält man den einen oder anderen Blick in das verlassene Innere. Am Abend kann man hier einen wunderbaren Sonnenuntergang genießen. Währenddessen eröffnet sich vom Eingang der Blick auf die Hauptzufahrt, und man mag sich das begeisterte Jubeln der Massen vorstellen, wenn ihre Stars einfuhren.

Wer das Innere entdecken möchte, sollte zu den regelmäßig stattfindenden »Mercanti per un giorno« kommen. Private Händler bieten hier Fundstücke aus dem eigenen Keller an, und man kann so manche Antiquität finden.

Adresse 144 Corso Casale, 10132 Turin | **ÖPNV** Bus 30, 54, 61, 66 bis Motovelodromo | **Öffnungszeiten** von innen zu Veranstaltungen, von außen immer zu besichtigen | **Tipp** Wenn man nur kurz am Corso Casale weiter bis zur Fußgängerbrücke geht, findet man ein dem Radrennfahrer Fausto Coppi gewidmetes Denkmal.

80 Das Museum Lombroso

Totenmasken, Mörderschädel und Verbrechen

San Salvario ist einer der vielfältigsten Stadtteile Turins. Wohngegend im Norden, Industrie im Süden und dazwischen Zentrum universitärer Forschung. Im Gebäude des Anatomischen Instituts hat 2009 das »Museo di Antropologia Criminale – Cesare Lombroso« wiedereröffnet, das hier bereits zwischen 1898 und 1948 beheimatet war, erst als Forschungsstätte, dann als Museum.

Cesare Lombroso gilt als Vater der Kriminalanthropologie. Dass es sich um eine überholte Wissenschaft handelt, ahnt man, wenn man nachschlägt und als Definition »Lehre von der körperlichen und geistigen Eigenart des Verbrechers« findet. Es geht um das Vermessen von Schädeln, das Abziehen von Totenmasken, darum, anatomische Besonderheiten zu konservieren und daraus auf die Natur des Menschen zu schließen. Eine Wissenschaft, die nicht zuletzt auch Grundlage der Rassenlehre war, der aber Lombroso nicht anhing (ganz im Gegenteil!) und die das Museum auch nicht zum Thema macht. Es war schlicht eine alternative Herangehensweise, die sich – wie so viele in der Wissenschaft – als Irrweg herausgestellt hat. Die Absicht dahinter war positiver Natur: Man suchte zu ergründen, wer kriminell, verrückt oder ein Genie wird und warum, ob die menschliche Natur frei ist oder Zwängen unterlegen – Fragen, die heute noch aktuell und oft unbeantwortet sind. Dieses Museum macht die Ideenwelt des 19. Jahrhunderts zugänglich. Man sieht die Herangehensweise der damaligen Wissenschaft, die die Welt erklären wollte, anstatt den Status quo hinzunehmen.

Totenmasken, Schädel und Skelette sind nur ein Teil des Erbes Lombrosos. Beachtlich ist die Sammlung von Kunst, die von geistig Verwirrten und Gefängnisinsassen geschaffen wurde. Besichtigen Sie das Originalbüro des Wissenschaftlers, bestaunen Sie bizarre Arbeitsutensilien. Alles ist so original wie nur möglich gehalten, und das macht dieses Museum zu einem der ungewöhnlichsten überhaupt.

Adresse 15 Via Pietro Giuria, 10126 Turin | **ÖPNV** Tram 9 oder Bus 67 bis Giuria | **Öffnungszeiten** Mo–Sa 10–18 Uhr, So geschlossen | **Tipp** Im selben Gebäude befindet sich auch das Fruchtmuseum. Eine ungewöhnlich vielfältige Sammlung naturgetreu nachgebildeter Früchte. Während das Anthropologiemuseum sich der Ideenwelt des 19. Jahrhunderts widmet, ist das dritte Museum im Gebäude eines aus diesem Jahrhundert. Fast unverändert seit 1898 präsentiert sich das Museum der Menschlichen Anatomie.

81 Der olympische Bogen

Der Weg in die Geisterstadt

Ein vergessenes Wahrzeichen von Turin ist die »Passerella Olimpica« mit ihrem roten Parabelbogen. Fertiggestellt am 25. September 2005, war sie eines der bekanntesten Symbole der Olympischen Winterspiele 2006. Designt von einer Gruppe um den heute in Paris lebenden Hugh Dutton, sollte sie eine absolute Innovation darstellen. Die »Passerella Olimpica« war von Umberto Cuzzis »Mercati Generali« am gegenüber vom Lingotto liegenden Ende inspiriert und sollte für Aufbruch stehen, teilte aber dennoch das gleiche Schicksal. Verschlafen und fast vergessen, einsam und ohne praktische Nutzung überspannt sie die stadtteilenden Bahngleise. Nutzten zur Zeit der Winterspiele die Athleten sie noch als Übergang vom olympischen Dorf ins sportliche Zentrum, ist es heute ein Weg in einen abseits des allgemeinen Interesses liegenden Stadtteil.

Und doch bietet der Stadtteil faszinierende Einblicke. Hier kann man ein beeindruckendes architektonisches Denkmal entdecken. Auf 368 Metern Länge und in bis zu 12 Metern Höhe hat man wechselnde Perspektiven auf eine Gegend, die ihren Weg aus dem industriellen Zeitalter heraus sucht. Über einem 69 Meter hohen Bogen strahlt die auf das Lingotto gesetzte Pinacoteca – unter einem das Gleisbett und vor einem farbenfrohe Wohnblöcke. All das kann man beim Flanieren erleben und wird nur selten von den sonst in der Stadt überall auftauchenden Läufern gestört. Das Ganze war als Fahrradpassage geplant, doch ist der Zugang per Rad kaum möglich, worauf die »Massa Critica« schon 2006 mit einem Flashmob hinwies. Geändert hat sich bis heute nicht viel, eigentlich zum Glück.

Dort angekommen, passiert man die modernisierten Marktbauten aus den 30er Jahren, entdeckt Graffitikunst oder nimmt teil an gelegentlichen Events. Links liegt das olympische Dorf, das heute, größtenteils von Immigranten bewohnt, zu neuem Leben erwacht, und direkt davor der Giardino Galimberti.

Adresse Passerella Olimpica, 10126 Turin | **ÖPNV** M1 Porta Nuova bis Lingotto | **Öffnungszeiten** 6–24 Uhr | **Tipp** In den »Mercati Generali« findet alljährlich im November die Kunstausstellung »Paratissima« statt.

82 Die Osteria F. I. A. T.

Mach schnell und lass dir Zeit dabei

Gegenüber den ehemaligen Fiat-Werken im Lingotto befindet sich die Osteria F. I. A. T. Dem Namensschild »da oltre il 1900« nach wurde sie irgendwann nach 1900 gegründet – genau genommen 1997, von Riccardo Puglisi. Schon diese Angabe zeigt auf, worauf es sich hier einzulassen gilt: ein Stück Italien, wie es heute allzu oft nur noch in den Köpfen der Menschen existiert. Hier ist es lebendig, das Italien aus den alten Filmen – jenes Italien, von dem unsere Eltern immer sprachen.

Man merkt sofort, dass Riccardo ein Fan von Fiat ist, und damit sind nicht nur die Autos gemeint. Der Kühlschrank und selbst die Teller kommen aus der Fabrik gegenüber. Hier ist es so italienisch wie nur möglich. Natürlich gibt es das Nationalgericht »pasta e fagioli« (»Pasta und Bohnen«), Hühnchen und Risotto in allen Variationen, immer frisch und mit authentischem Geschmack. Nicht entgehen lassen darf man sich die Plin mit feinem Ragout und einer Füllung aus Kalbfleisch. Dem Autoklassiker Fiat 500 wird eine besondere Aufwertung zuteil: Man kann Pasta in »Cinquecento«-Form mit nach Hause nehmen oder ein Stück der dem 500 zu Ehren gebackenen Torte bestellen und dabei durch alte Fotoalben blättern.

Auch der Name des Restaurants ist eine Anspielung, wenn auch eine ganz sympathische, auf die Firma, der Turin so viel zu verdanken hat. Es fällt auf, dass es diese Osteria schon vor den ersten Merchandise-Artikeln von Fiat Automobile gab. Man darf sich fragen, wer sich hier von wem hat inspirieren lassen. F. I. A. T. steht für »*F*ate *i*nfretta *at*avola«, was so viel wie »Mach schnell bei Tisch« bedeutet. Aber wie so vieles, sollte man auch das nicht zu ernst nehmen – beim Beeilen darf man sich ruhig ein wenig Zeit lassen. Das halten auch die vielen Fiatianer so, die hier gerne zum Pranzo, dem ausgiebigen italienischen Mittagessen, einkehren, um ihre Pause zu verbringen.

Adresse 2 Via Giulio Biglieri, 10126 Turin | **ÖPNV** M1 Porta bis Spezia | **Öffnungszeiten** Mo–So 12–15 Uhr und ab 18 Uhr | **Tipp** Nach dem Mittagessen oder vor dem Dinner sollten Sie unbedingt die wie ein Ufo aufs Dach des Lingotto gesetzte Pinacoteca Agnelli besuchen. Besonders interessant ist hier ein Bild der Dresdner Frauenkirche von Bellotto.

83 Der Palast von Carignano

Achtung, Indianer auf den Fenstern!

Guarino Guarani, ein Name, so ungewöhnlich wie der Stil dieses bedeutenden Architekten.

In Turin steht man vor seinem 1679 entworfenen Palast und denkt an seine Worte: »So phantastisch, originell und bizarr, dass man alle Aufmerksamkeit eines Stils vergisst.«

Der Palazzo Carignano erzählt die zu Stein gewordenen Abenteuer seines Auftraggebers Emanuele Filiberto, jenes zweiten Prinzen von Savoia-Carignano, der »der Stumme« genannt wurde. Gehörlos zur Welt gekommen, lernte er seine Behinderung zu meistern. Er wurde Wissenschaftler, berühmter Militär und seine Nachfahren die ersten Könige Italiens.

Auf den ersten Blick übersieht man an der Fassade die unterschiedlichen Strukturen. Der Backstein hält viel zurück. Über den Fenstern im ersten Stock findet man Außergewöhnliches. Der Kopfschmuck von Indianern ist Hinweis auf eine heute wenig beachtete Begebenheit: In Savoyen herrschte Frieden, und man stellte Ludwig XIV., dem Sonnenkönig, das Régiment de Carignan zur Verfügung. Er entsandte es 1665, vereint mit dem Régiment de Salière, nach Kanada. Dort kämpfte es gegen die mit den Briten verbündeten Irokesen, um französische Siedlungen zu schützen. Nach dem Krieg 1667 blieben Hunderte italienischer Soldaten in der Kolonie. Noch heute künden davon zahlreiche Familiennamen in Quebec.

In Italien verbreiteten sich die Geschichten aus der neuen Welt rasant. Man war beeindruckt von den Kämpfern der amerikanischen Ureinwohner. Dem zollte Guarani mit dem Fensterschmuck Respekt. Allerdings streiten Experten, ob dieser den Hauptschmuck nordamerikanischer Indianer oder südamerikanischer Tupis darstellt. Letztere lösten nach 1551 einen Stil aus, der als »tupinambizzazione« bis ins 17. Jahrhundert hinein verbreitet war und das Bild der Ureinwohner prägte. Anlass dafür war die Vorführung einer großen Anzahl von Tupi anlässlich von Feierlichkeiten für Heinrich II. in Rouen.

Adresse Piazza Carignano, 10123 Turin | **ÖPNV** Tram 13, 15 oder Bus 55, 56 bis Castello | **Öffnungszeiten** Mo–So 9.30–19 Uhr | **Tipp** Wenn man durch das Tor in den Palast tritt und sich dann links hält, kommt man zu einer marmornen Treppe. An deren oberem Ende kann man aus einem der Fenster schauen und das Leben auf dem Platz beobachten.

84 Der Palazzo di Levaldigi

Der Palast des Teufels

Heute residiert in diesem Palazzo die Banca Nazionale del Lavoro. Die unmittelbare Nähe zur prächtigen Piazza San Carlo ist ein Zeichen für die Bedeutung des ersten Bewohners: 1673–77 ließ der mächtige Finanzminister Giovanni Trucchi hier seinen Palast errichten. Im Inneren finden sich Fluchten von Hallen, riesige Säle, alles diente der Repräsentanz.

Am außergewöhnlichsten aber ist die Pforte. Aus blutrotem Holz quälen sich die Reliefs von Köpfen und geben sich wilden Orgien hin. Der Ring zum Anklopfen steckt im Maul des Gehörnten persönlich. Als eines Morgens im Jahr 1675 die Pforte im Eingang hing, ohne dass jemand wusste, wie sie dorthin gelangt war, gingen schnell Gerüchte um. In jener Nacht soll ein Anbeter der dunklen Mächte dem Teufel so überdrüssig geworden sein, dass er ihn bis zum Jüngsten Tag hinter die Pforte sperrte. Der Palast, auf geweihtem Boden gebaut, wurde nun »Palazzo del Diavolo« genannt. 1790 befand er sich im Besitz von Marianna di Savoia, und man feierte ein großes Karnevalsfest. Ein Ballett, das die Verdammung der Seelen darstellte, wurde von einem schmerzerfüllten Schrei unterbrochen. Ermordet fiel eine Tänzerin zu Boden. Ein Sturm zog auf, gewaltige Blitze, Donner und Frost legten sich über die Stadt. Fenster zersprangen, und der Wind blies die Lichter aus. In den Hallen wanderte ein kalter toter Körper, und das Fest fand ein grauenhaftes Ende.

Viele weitere Geschichten ranken sich um dieses Haus. Wie die von dem Diplomaten, der es nicht verließ und 20 Jahre später eingemauert wiedergefunden wurde. Dass hier einst eine Tarotwerkstatt war und das Haus früher die teuflische Nummer 15 trug, sei noch erwähnt. Die Tür hingegen, so meinen rationale Geister, käme aus einer Pariser Werkstatt. Sonderbarerweise hat sie die Jahrhunderte überlebt. Auch heute ist es dem Besucher überlassen, ob er an des Teufels Hörnern um Einlass bittet.

Adresse Via XX Septembre 40, 10121 Turin | **ÖPNV** Tram 4, 15 oder Bus 11, 27, 55, 57, 58, 92 bis Arcivescovado | **Öffnungszeiten** nur von außen zu besichtigen | **Tipp** In der Parallelstraße der Via dell'Arsenale 21 finden sich an die Hauswand genagelte Skelette von Dämonen, dazu verdammt, die Nachtbeleuchtung auf ihren Schultern zu tragen.

85 El Paso Occupato

Weder Zentrum noch sozial noch Hausbesetzer

Unweit der Stazione Lingotto befindet sich das »El Paso«. Benannt nach der Straße, an der es liegt, der Via Passo Buole. Im Jahr 1884 gründete die Familie des Grafen Robilant hier einen der ersten Kindergärten der Stadt. Die Familie richtete für die Kinder von Bauern und Arbeitern ein mit Blumendekor, Friesen und Wandbildern geschmücktes Haus ein. Betreut wurden die Kinder von den Don-Bosco-Schwestern der späteren Heiligen Maria Mazzarello. Nach einer Erweiterung im Jahr 1953 wurde der Kindergarten bis zu seiner Schließung 1982 betrieben, insgesamt fast 100 Jahre lang.

Dass die Einrichtung einer der reichsten italienischen Familien wenige Jahre nach der Schließung von Punk-Anarchisten besetzt wurde, ist durchaus eine Fußnote wert. Nach der Räumung und Wiederbesetzung des Gebäudes 1987 wurden die Bewohner geduldet. Man kann sagen, das Haus wurde keinem sozialen Zweck zugeführt. Offiziell halten sich die Bewohner dort noch immer illegal auf, doch es gab seitdem keine schweren Konflikte mehr zwischen Subkultur und Staat. Im Gegenteil, auch wenn das Haus heute etwas heruntergekommen ist (man könnte auch sagen: »romantisch verwahrlost«), wurde es zu einer Stätte von kulturellem und künstlerischem Wert, auch wenn der Einfluss des »El Paso« auf den Hardcore-Punk während der letzten Jahre abnahm. Dafür finden sich hier heute Werkstätten unterschiedlichster Vertreter der bildenden Kunst. Oft sieht man neue Werke hinter den Mauern, an den Wänden und davor, die von lebendiger Kreativität zeugen. Daneben wachsen der literarische Output und sogar der politische Einfluss dieser Einrichtung. Über die Qualität lässt sich natürlich streiten.

»El Paso« ist ein Phänomen, das man sich nicht entgehen lassen sollte. Aus einer wilden Besetzung ist ein Zentrum mit Einfluss geworden. Es hat sich sein Anderssein stets bewahrt und wird seinem Leitspruch »né centro, né sociale, né squat« gerecht.

Adresse 47 Via Passo Buole, 10127 Turin | ÖPNV Bus 18, 93 bis Caio Plinio | Öffnungszeiten immer geöffnet, Besucher willkommen, eventuell vorher anrufen, Tel. 0039/0113174107 | Tipp Ein weiteres Projekt der Subkultur befindet sich in der sogenannten »Cavallerizza« in der Via Verdi 9. Hier geht es allerdings mehr um studentisches Künstlerleben als um Hausbesetzung und Punk.

86 Pepino

Das erste Eis am Stiel

An der Piazza Carignano, gegenüber Italiens erstem Parlament, befindet sich die Gelateria Pepino. Sie ist ein typisches Stück Italien, wie man es überhaupt nur noch in diesem Land findet. Was gut ist, bleibt gut, und vorzugsweise bleibt es auch da, wo es schon immer war. Pepino setzt dieser Philosophie nicht nur sprichwörtlich die Krone auf. Die Gelateria war gut, ist gut und noch immer da, wo sie schon immer war. Bald nach ihrer Gründung wurde sie zum Hoflieferanten der königlichen Familie und anderer Häuser geadelt.

Apropos Gründung: Alles begann 1884 mit dem Neapolitaner Domenico Pepino. Er kam nach Turin, um die Mächtigen des Landes mit seiner Eiskunst zu verwöhnen. Heute steht sein Vermächtnis im ältesten Eiscafé Europas noch immer für feinste gefrorene Köstlichkeiten. Die Geschichte ging weiter, als 1916 die Familie Cavagnino die Firma übernahm. Sie etablierte neue Methoden und war dank der aktuellsten Erfindung, dem Trockeneis, in der Lage, erstmals Eis auch zu exportieren. Während man in Berlin und Rom an Kriegsplanungen saß, kümmerte man sich bei Pepino um Wichtigeres und meldete 1939 ein Patent für Eis am Stiel an.

Wegen seines Aussehens mit einem Überzug feinster dunkler Schokolade wurde es »Pinguino« genannt. Zuvor hatte zwar der Amerikaner Harry Bust das erste Eis am Stiel entwickelt, aber im Gegensatz zu den ebenfalls noch heute verkauften »popsicles« war der »Pinguino« kein Wassereis. Das erste Milcheis am Stiel wird noch heute nach dem Originalrezept hergestellt. Lediglich die Angebotspalette hat man um vier Geschmacksrichtungen erweitert. Das Minzeis ist ein begehrter Sommersnack, aber im Winter hat immer noch der cremige »Pinguino« Hochkonjunktur.

Natürlich kann man hier auch zu anderen Gelato-Kreationen einkehren. Es ist nicht so aufwendig dekortiert wie im Fiorio, doch dafür sitzt man nirgends schöner zum Eisgenuss als hier auf der Terrasse.

Adresse 8 Piazza Carignano, 10123 Turin | **ÖPNV** Tram 13, 15 oder Bus 55, 56 bis Castello | **Öffnungszeiten** So, Mo 9.30–21.30 Uhr, Di–Do 9.30–22.30 Uhr, Fr, Sa 9.30–23.30 Uhr | **Tipp** Turin hat eine ungemein lebendige Eiskultur. Grom zum Beispiel ist mittlerweile in jeder italienischen Stadt zu finden. In so manchem Reiseführer liest man in etwa: »Das beste Eis von Florenz, Rom … gibt es bei Grom.« Zu empfehlen ist auch das VANILLA in der Via Palazzo di Città. Es ist relativ neu, und hier werden auch ungewöhnliche Sorten mit natürlichen Zutaten kreiert.

87 Das Segeltuch

Ein italienischer Job auf dem Palavela

Turin ist eine der ersten Städte mit computergesteuertem Verkehrsleitsystem. Mit Hilfe eines Hackers mischen drei präparierte Minis die Stadt auf. Es geht um Gold, einen Millionenraub. Die Polizei verfolgt die Diebe die Treppen der Gran Madre hinab, vorbei an einer Hochzeitsgesellschaft, über die Piazza Veneto und die Murazzi am Po-Ufer entlang bis zum Palavela.

Sie fahren über eine Baurampe auf das Dach des Gebäudes, die Polizei verfolgt sie noch immer, von hier aus in Richtung Lingotto und auf die Rennstrecke hinauf. Erst jetzt entkommen die Diebe mit einem gewagten Sprung über eine Straßenschlucht auf ein Nebengebäude.

Diese spektakuläre Jagd hat sich bereits 1969 zugetragen. Es sind Szenen aus einem Klassiker, der zu den 30 besten britischen Filmen aller Zeiten gehört: »The Italian Job«, im deutschsprachigen Raum eher bekannt als »Charlie staubt Millionen ab«. In diesem Film ist so ziemlich ganz Turin zu sehen. Doch einen der spektakulärsten Auftritte haben die Minis auf dem Palavela.

Das 1961 anlässlich der 100-Jahr-Feier Italiens gebaute Ausstellunggebäude, das wegen seiner einzigartigen Form, derjenigen eines Segeltuchs, bekannt ist, wurde – anders als die anderen Gebäude der Weltausstellung »Italia ›61« – nicht abgerissen. Designt von Franco Levi und Giorgio und Annibale Rigotti, hielt es lange den europäischen Rekord des frei stehenden Stahlbetonbaus. Das Segel erhebt sich bis auf 23 Meter und berührt nur an drei Stellen den Boden. Innen öffnet sich eine Kreisfläche von 130 Metern Durchmesser, die an den Seiten durch Fenster geschlossen ist. Ab 1981 wurde es häufiger für sportliche Veranstaltungen genutzt und anlässlich der XX. Olympischen Winterspiele nach den Plänen des Architekten Gae Aulenti vollständig renoviert. Bei den Spielen diente es als Austragungsort für Eiskunstlauf- und Eischnelllauf-Wettkämpfe und wird bis heute für ähnliche Events genutzt.

Adresse 145 Via Ventimiglia, 10127 Turin | **ÖPNV** Bus 34, 74 bis Palavela | **Öffnungszeiten** innen zu Veranstaltungen, von außen immer zu besichtigen | **Tipp** Turin ist Kulisse für viele auch international bekannte Filme. Auf der Piazza C. L. N. mit ihren beiden die Flüsse der Stadt, Po und Dora, darstellenden Brunnen spielten einige der blutigsten Szenen der Filmgeschichte; Regisseur Dario Argento ließ hier die Protagonisten in »Rosso – Farbe des Todes« (1975) zu Werke gehen.

88 La Smarrita

Zum Dinner beim Grafen Cavour

Der Besuch des La Smarrita an der Piazza Carlo Alberto ist wie eine Reise in die Vergangenheit. Hier, im ersten Stock des Palazzo Salmatoris, hatte einst der große Politiker der italienischen Vereinigung, Graf Camillo Benso di Cavour, sein Büro. Um das Jahr 1680 forcierten die Savoyer den weiteren Ausbau der Stadt. Im Auftrag der Familie Salmatoris wurde hier von Castella ein Palazzo errichtet. Mit seiner Neugestaltung durch Robilant wurde er einer der herrschaftlichsten Palazzi in Turin. So prominent gelegen war er, dass Cavour entschied, sich hier politisch niederzulassen.

Nachdem dieser Ort lange nicht zugänglich war, hat man heute Gelegenheit, hier als Gast empfangen zu werden. La Smarrita ist keines der überlebenden Restaurants aus alter Zeit, sondern ein Restaurant, das einen historischen Ort wiederbelebt hat. In vier sich aneinanderreihenden Räumen sitzt man inmitten prunkvollen Interieurs.

Vornehme Bedienungen bringen die passenden Genüsse an die Tische, und eine hervorragende Weinkarte bietet die Begleitung dazu. Vielleicht sitzt man an einem der Fenster und stellt sich vor, wie Cavour hier mit dem König, einem wichtigen Staatsgast oder einem Diplomaten saß, einen Lunch zu sich nahm und das Treiben draußen auf dem Platz und im gegenüberliegenden Parlament beobachtete. Sicherlich traf er hier Entscheidungen, ohne die es ein geeintes Italien vielleicht nie gegeben hätte.

Nach aufwendigen Renovierungen erstrahlt dieser Ort im neuen Glanz, und es sind Details ans Licht gekommen, die längst vergessen waren. Im »Carnevale« genannten Raum kamen herrliche mythologische und ländliche Darstellungen zum Vorschein. Am aufwendigsten aber ist der Spiegelsaal ganz am Ende. Die Einrichtung stammt aus dem 18. Jahrhundert, von der verzierten Decke hängen Lüster und spiegeln sich an den Wänden. Ein Ort, wie man ihn anderswo nur besichtigen, hier aber erleben darf.

Adresse 17 Via Cesare Battisti, 10123 Turin, Tel. 0039/011836628 | **ÖPNV** Tram 13, 15 oder Bus 55, 56 bis Carlo Alberto | **Öffnungszeiten** Mo geschlossen, Di–So 12–15 und 19.30–23.30 Uhr | **Tipp** In der Via Principe Amedeo 25 im alten Handwerkerviertel befindet sich die Gipsoteca di Paolo Mondazzi. Hier werden in Handarbeit Gipsstatuen hergestellt, Kopien klassischer Werke wie auch Auftragsarbeiten. Wenn es ein klassisches Mitbringsel, aber kein Nippes sein soll, dann muss man hier vorbeischauen.

89 Der Stier vom San Carlo

Wie man sich das Glück ertritt

Auf der Piazza San Carlo, direkt vor dem Eingang des berühmten Caffè Torino, befindet sich das Wahrzeichen Turins, das 1930 in den Boden eingelassene Bronzerelief des »toro«, das die Eingeweihten einlädt, sich ein wenig Glück zu »ertreten«. Schon früh erhielt er besondere Aufmerksamkeit und spezielle Liebkosungen. Beim Betrachten wird man sehen, dass er »zwischen den Beinen« rundlich ausgetreten ist – seit jeher schrieb man diesen besonderen Teilen des Stieres glückbringende Eigenschaften zu. Ebenjene wurden auch auf das neue Symbol der Stadt übertragen. Aber was sollte man machen? Man konnte sich ja schlecht zu Boden begeben und in aller Öffentlichkeit von dem Relief speisen. »Ab ist ab«, dachte man sich, und ein Tritt tut ähnliche Wirkung.

Die Turiner sind insgeheim recht abergläubisch, dabei aber immer zurückhaltend. Fast unbemerkt wissen sie, wie viele Schritte man nehmen muss, um ans Ziel zu kommen, und treten fast im Vorbeigehen zu – eine Übung, die man gerade hier pflegen sollte, gilt diese Piazza doch als »salotto di Torino« (»Wohnzimmer Turins«). Es sind vom letzten Torbogen vor dem Bullen noch etwa acht Schritte, und schon kann man sein Glück versuchen.

Alternativ kann man im besagten Café Platz nehmen, einen guten Drink genießen und den anderen Menschen beim Trampeln zusehen. Die Touristen aus Mailand kann man daran erkennen, dass sie wahre Freudentänze bei dieser Tätigkeit vollführen – sie denken, man müsste es hier wie bei ihrem eigenen Bullen in der Mailänder Galleria Vittorio Emanuele II. tun: Dort stellt man sich mit den Fußballen auf besagte Stelle, schlägt die Hacken zusammen und dreht sich einmal um die eigene Achse. Dabei vergessen sie heute sogar, dass dies einst ihre Missachtung für Turin ausdrücken sollte, den großen Konkurrenten mit dem Symbol des »toro«. Für die eleganten Turiner ist es der größte Spaß, die Mailänder Touristen zu identifizieren.

Adresse 204 Piazza San Carlo, 10121 Turin | ÖPNV Tram 4, 15 oder Bus 11, 27, 55, 57, 58, 92 bis Bertola | Öffnungszeiten nur von außen zu besichtigen | Tipp Um die Piazza herum finden sich einige der besten Cafés. Neben dem Caffè Torino sollte man auch das Caffè Mokita direkt gegenüber besuchen. Hier gibt es die aufwendigsten Kaffeespezialitäten der Stadt.

90_I Tartufi

Auf Trüffelsuche in der Stadt

Neben Haselnüssen und Wein steht das Piemont vor allem für Trüffel. Meist fährt man für deren Genuss aufs Land, aber seit Neuestem befindet sich auch in Turin eine Anlaufstelle für Trüffelliebhaber. Mitten im Zentrum, in der Via Carlo Alberto, hat das Bistro »I Tartufi« eröffnet. Es ist nicht nur irgendein Trüffelrestaurant, sondern ein ganz ausgezeichnetes.

Geführt wird es vom Gastronomen Roberto Perego und dem Trüffelsucher Claudio Trinchero, und man findet nicht oft so durchgehend frische Trüffel wie hier. Die klassischen Rezepte sind immer ein wenig modern umgesetzt. Nicht ganz so mächtig, nicht ganz so schwer wie im Langhe, dafür perfekt für den städtischen Alltag. Zur Mittagspause ist die verglaste Terrasse meist gut besucht, während man sich am Abend einen der wenigen Tische im Inneren reservieren sollte. Das »I Tartufi« wirkt trotz der original piemontesischen Rezepte und Zutaten fast wie ein französisches Bistro: Man sitzt in angenehmer Atmosphäre, die Bedienung ist freundlich und stolz auf ihre Produkte. Die Chefs sorgen für Kurzweil, und nichts dauert zu lange.

Schnell kommen die frischen Gerichte an den Tisch, am besten sind die gemischten Platten mit verschiedenen Klassikern. Bestes Carne Cruda, gebratenes Ei, Tajarin und Fonduta werden lange in Erinnerung bleiben. Die raffinierten Gerichte werden je nach Saison mit weißem oder schwarzem Trüffel gereicht. Vorfreude auf die nächste Mittagspause oder den nächsten Abend mit Freunden ist gewiss. Die Weinkarte ist etwas klein, dafür sind die Preise unschlagbar, was fast auch für die Trüffel gilt. Zum Abschluss nimmt man für die Daheimgebliebenen noch die eine oder andere frische Knolle mit. Nur sollte man nicht vergessen, dass sie schnell genossen werden sollten: weiße innerhalb von drei Tagen und schwarze binnen nicht mehr als einer Woche. Wer einen Einstieg in die Trüffelwelt sucht, ist gut beraten, hier zu beginnen.

Adresse 47 Via Carlo Alberto, 10123 Turin | **ÖPNV** Tram 9 oder Bus 24, 52, 61, 67, 68 bis Carlo Alberto | **Öffnungszeiten** Mo geschlossen, Di–So 11.30–15 und 18.30–23.45 Uhr | **Tipp** Nicht weit entfernt, in der Via Perugia 26, befindet sich die Casa del Barolo. Der traditionsreichste Weinhandel der Stadt ist eine wahre Weinboutique. Bester Barolo steht aufgereiht neben regionalen Spezialitäten, und der Keller ist voller Schätze. Wenn man auf Durchreise ist und keine Zeit hat, die Weingüter selbst zu besuchen, ist hier der beste Ort, dies zu kompensieren.

91_Die Trattoria del Grappolo

Piemontesische Küche wie bei Mama

Turin ist ein Zentrum des guten Geschmacks. Man findet klassische und moderne Restaurants, spezialisiert auf die unterschiedlichen Küchen Italiens. Dank des Marktes Porta Palazzo kann man sich zumeist auch auf die Verwendung originaler, frischester Zutaten verlassen. Da wundert es nicht, dass man ligurische Küche findet, so gut wie in San Remo, und Süßes wie auf Sizilien. Bei all der Vielfalt kommt es einem manchmal so vor, als wenn die typischen Genüsse des Piemont, wenn auch nicht aus der Stadtverband, zumindest nicht gerade auf einen warten. Aber es gibt sie noch, die typischen Restaurants mit ihren einfachen und gerade deswegen großartigen Rezepten. In ihnen schmeckt es so wie bei »la Mama«, die bekanntlich immer mit am Tisch sitzt, wenn Italiener sich zum Essen treffen. Ein besonders typisches Restaurant dieser Art findet man in Vanchiglia.

In der Gegend zwischen Po und Dora, die erst seit 100 Jahren besiedelt wird, lädt die »Trattoria del Grappolo« zu konsequent traditioneller Küche ein. Hier wird die Philosophie des Slow Food gelebt und geteilt. Regionale und frische Zutaten, viel Butter, reichhaltiges Ragù und eine Auswahl piemontesischer Vorspeisen, wie man sie nur noch selten findet. Die Preise sind so rustikal wie die Einrichtung – zum Mittag erhält man zwei Gänge für zehn Euro. Am Abend kommen noch Antipasti in bis zu zehn Gängen für etwa 25 Euro dazu. Um den mehr oder weniger passenden Hauswein kommt man nicht herum, ist er doch in jedem Menü inklusive. Zum Abschluss sollte man einen Bunet probieren, einen feinen Schokoladenpudding, wie er typisch für das Piemont ist.

Ist man satt und zufrieden, bietet sich nach dem Restaurantbesuch ein Spaziergang an, am besten die Via Cigliano bis zur Flussallee, dann rechts und noch vor der Brücke hinunter an die Murazzi des Po. Zurück in die Stadt ist es nicht weit, es sind etwa 15 Minuten.

Adresse 52 Corso Belgio, 10153 Turin | **ÖPNV** Tram 15 oder Bus 68, 67 bis Andorno | **Öffnungszeiten** Di–So 12–14 und 19.30–23.30 Uhr | **Tipp** In der Via Cigliano befindet sich auch die Pasticceria La Deliziosa. Hier wird in der Nacht für die Cafés und Läden der Stadt gebacken. Man ist immer willkommen, an der Tür zu klingeln und sich einen »Mitternachtskuss«, einen »Bacio al fondente«, abzuholen.

92 Der Turm von SNIA

Freiheitskampf in der Viskosefabrik

Dort, wo heute einer der größten Supermärkte der Stadt steht, stand früher ein Viskosewerk der SNIA. Von Giovanni Agnelli 1917 zur Beschaffung von Kraftstoffen als »Società di Navigazione Italo-Americana« (»Italo-amerikanische Schifffahrtsgesellschaft«) gegründet, änderte sich schon zwei Jahre später der Geschäftszweck. Man verlegte sich auf die Produktion von Kunstfasern. Am Vorabend des Zweiten Weltkrieges war man mit 20.000 Mitarbeitern in zwölf Fabriken und einer Produktion von 47.000 Einheiten Marktführer. Davon zeugt heute nur noch der imposante einstige Wasserturm inmitten der Parkplätze.

Die harten Arbeitsbedingungen teilten die hier Beschäftigten mit vielen anderen Arbeitern der Zeit. Der schutzlose Umgang mit giftigen Chemikalien hingegen ließ die Firmenleitung besondere Maßnahmen ergreifen. Es wurden vorrangig Arbeiter aus anderen Regionen ohne Verbindungen vor Ort eingestellt. Isoliert mussten sie mit ihren Familien in eigens eingerichteten Wohnbaracken leben. So konnte man sie besser kontrollieren und musste nicht an die Verbesserung der Arbeitsbedingungen denken.

Während des Krieges wurde die Isolation noch einmal verschärft, um der drohenden Gefahr von Aufständen vorzubeugen. Wieder kam man nicht auf die Idee, etwas an den verheerenden Bedingungen zu ändern. Und so kam es 1943 zu einem großen Streik, in dessen Folge 120 Arbeiter entlassen wurden. Zur Strafe wurden sie umgehend vom Militär eingezogen und an die Front geschickt. Doch selbst mit dieser Drohung im Rücken beruhigte sich die Lage nicht. Auch die Arbeiter der kriegswichtigen Viskosewerke schlossen sich 1944 dem großen Generalstreik von Turin an. Jetzt handelten die deutschen Besatzer selbst und deportierten viele als Streikanstifter. Heute finden sich an der sogenannten »Torretta di Snia« zwar einige Gedenktafeln, sie erklären die tragischen Ereignisse aber nicht wirklich.

Adresse Parkplatz links, 460 Corso Romania, 10156 Turin | **ÖPNV** Tram 4 bis Cascinette oder Bus 20, 22, 24 bis Centro Commerciale – Giulio Cesare | **Öffnungszeiten** nur von außen zu besichtigen | **Tipp** Einige mediale Aufmerksamkeit der Sonntagspresse erhielten ein paar andere Türme auf diesem Parkplatz: Die Verwaltung stellte »Badetürme« auf, von denen Parkplatzmeister das Automeer überblicken.

93_Der Torre Valsorda

Der Hexentanzturm von Carignano

Auf dem Weg von Turin nach Saluzzo steht auf der linken Seite ein Turm, der wegen seiner konzentrischen Form auffällt. Idyllisch gelegen, inmitten eines Hains aus Büschen und niedrigen Bäumen, steht er in der Nähe von Carignano. Im Ort selbst findet man einen weiteren Turm, den Torre Civica. Errichtet von den Markgrafen von Romagnano zum Schutz vor den Städten Asti und Chieri, ist er ein Turm, wie man ihn in vielen italienischen Städten findet. Der Torre Valsorda hingegen ist Teil einer einzigartigen Anlage aus dem 14. Jahrhundert. Man errichtete drei Türme, die, im weiten Land verteilt, als Erweiterung des Stadtturmes dienten. Damit war es möglich, die Feinde frühzeitig zu entdecken und die Stadt zu warnen.

Nur der Valsorda-Turm hat die Jahrhunderte überlebt, und er erzählt auch noch von einer anderen Legende: Oben auf dem Turm entzündete Signalfeuer ließen ihn unheimlich aus der oft in Nebel getauchten Landschaft hervorbrechen. Die Bevölkerung erzählte sich Geschichten von den »Masche«, wie sie nachts um das Feuer tanzten. Im piemontesischen Dialekt nennt man ihn noch heute »Tör d'le masche«. Als »Masche« bezeichnete man in den alten Ländern des Roero und Langhe Frauen mit übernatürlichen Kräften. Unsterblich, aber nicht ewig jung, entscheiden sie, wann es Zeit wird, zu gehen – wenn ihre Körper zerbrechlich werden und von Krankheit gezeichnet, geben sie ihre Macht weiter, oft von der Großmutter auf die Enkelin, aber auch auf Tiere oder Bäume. Diese wurden dann zu eigenen Legenden. Die »Masche« sind nicht immer böse, aber rachsüchtig und launisch. Wenn man sich ihrer Zwecke bedient, fordern sie ihren Lohn, und davor gibt es kein Entrinnen.

Es heißt, dass vom Turm aus geheime Tunnel zu nahen Gehöften und Burgen führen. Gesucht wird danach nicht, denn vielleicht sitzt in einem dieser Tunnel ja noch eine dieser alten »Masche«, vergessen, gezeichnet von der Zeit und auf Rache aus.

Adresse 57 Strada Provinciale 663, 10041 Carignano | Anfahrt bei Moncalieri in Richtung Colle di Tenda, hinter Carignano in Richtung Ceretto | Öffnungszeiten nur von außen zu besichtigen | Tipp In Carignano gibt es ein spannendes Museum, das sich der für die Gegend wichtigen Wollspinnerei widmet. Das Museum »Ex Lanificio Bona« erzählt Geschichte anhand originaler und noch immer funktionstüchtiger Maschinen.

94 Das Villagio Leumann

Wie die Fugger, so die Leumanns

Ehrfürchtig sagen die Bewohner des Villagio Leumann noch immer »Leomann«, wenn sie über ihre Siedlung oder deren Gründer Napoleon Leumann reden, jenen Schweizer Einwanderer, der in der zweiten Hälfte des 19. Jahrhunderts die Stofffabrik kaufte, in der sein Vater arbeitete. Der aufgeklärte Leumann erkannte, dass soziale Sicherheit und ein angemessener Lebensstandard Voraussetzungen für eine nachhaltige Entwicklung sind. So errichtete er 1875 die erste Siedlung neben seiner Stofffabrik. Damit begann ein philanthropisches Projekt, das 1911 mit dem Bau der Kirche abgeschlossen wurde.

Die Siedlung ist ein architektonisches Highlight in einer fast protestantischen Version des Turiner Jugendstils. Die eingelassenen Fußbodenheizungen gehören zu den ersten weltweit. Die Häuser waren großzügig geschnitten, noch heute sind sie beliebte Wohnstätten. Es gab eine Schule, ein Mädchenheim und eines von nur vier Badehäusern in Turin. Für die Kinder der Arbeiter stand ein Ferienhaus an der ligurischen Küste zur Verfügung.

Mit Unterstützung der Stadt können engagierte Personen wie Signora Miglietti diesen Ort bewahren. In den Gärten, einst eine Verbindung der Arbeiter zu ihrer ländlichen Heimat, spielen Kinder, und sie gehen noch immer in die alte Schule. Im hinteren Teil der Siedlung ist ein Haus als offenes Museum hergerichtet, und vor den Toren steht ein altes Bahnhofsgebäude – ein Überbleibsel aus der Zeit, als eine Zugverbindung nötig war, um die Waren zu transportieren.

Eine Vielzahl von Veranstaltungen macht das Villagio heute zu einem Magneten für Künstler, Handwerker und an der Industriegeschichte Interessierte. Beim jährlichen »Filo lungo filo« stellen nationale und internationale Stoffkünstler aus, Handwerker erklären ihre filigranen Arbeitsweisen. Der Duft von Stoff liegt dann wieder in der Luft, so wie es hier ein Jahrhundert lang an jedem Tag der Fall war.

Adresse Corso Francia 326, 10093 Collegno | **ÖPNV** Metro 1 bis Paradiso, dann Bus 36 bis Fermata 3493 Togliatti | **Öffnungszeiten** immer geöffnet; Schule, Museum, Kirche eventuell eingeschränkt | **Tipp** In Turin an der Kreuzung Via Vanchiglia 197/ Corso Regina Margherita steht ein weiteres altes Badehaus. Noch heute zugänglich.

95__Der Menhir von Lugnacco

Der Fruchtbarkeitsmegalith von Valchiusella

In den Bergen oberhalb von Ivrea öffnet sich die Landschaft des Valchiusella. Sie beginnt in einer dicht bewaldeten Hügellandschaft und verengt sich zum Aoste hin zu einem typischen V-Tal. Hier liegt sie, hochalpin geprägt, zwischen Gipfeln von über 2.800 Metern Höhe.

Im Seitental von Chy führt der Weg durch die Ortschaft Lugnacco, wo sich eine der ältesten Kirchen Italiens befindet. Die Parrocchiale della Purificazione di Maria Vergine wurde erstmals 1329 urkundlich erwähnt, allerdings reichen ihre Ursprünge bis zu einer christlichen Tempelanlage aus dem 5. Jahrhundert zurück. Reste aus dem 11. Jahrhundert sieht man noch immer an der durch Pilaster und Hängebögen unterbrochenen Wand an der zur Straße abgewandten Seite. Bemerkenswert ist die Bauform der Kirche, als Basilika, und der Eingang durch den Kirchturm, eine Eigenart, die nur elf weitere Kirchen im Piemont aufweisen.

Im Jahr 1975 entdeckte man bei Renovierungsarbeiten eine römische Gruft. Reste von Wandgemälden, weitere Gräber und ein gefundener Megalith lassen darauf schließen, dass dieser Ort seit der Bronzezeit durchgehend religiöse Bedeutung besaß. So erhält auch der Name der Kirche, »Reinigung der Heiligen Jungfrau«, eine tiefere Bedeutung: Er lässt darauf schließen, dass hier heidnische Kulte gepflegt wurden und man daher einer besonderen Reinigung bedurfte. Dass der Megalith nicht zerstört wurde, sollte den den alten Kulten verhafteten Einwohnern beweisen, dass die christliche Religion stärker war als der heidnische Glaube. Für uns heute war dies ein Glücksfall – er wurde kürzlich wieder errichtet und befindet sich vor dem nahen Friedhof. Bei einer Höhe von 3,85 Metern hat der Megalith aus Gneis einen Sockelumfang von 1,20 Metern und wiegt 1,8 Tonnen. Einkerbungen an seiner Vorderseite sind ein Hinweis auf einen Phalluskult und Fruchtbarkeitsriten, wie sie in den hiesigen Bergen weit verbreitet waren.

Adresse 10 Strada Provinciale 65, 10080 Lugnacco | **Anfahrt** A 5/E 612, Ausfahrt Ivrea, SS 565 in Richtung Salassa, in Scala auf SP 64 nach Vistrorio abbiegen, dann bis Lugnacco fahren | **Öffnungszeiten** nur von außen zu besichtigen | **Tipp** Nicht weit entfernt, in Fondo, direkt hinter dem Brunnen, führt der Wanderweg 13 zu dem großen Gneisfelsen »Pera dij crus« (»Steinkreuz«). Auf ihm befinden sich 136 Abbildungen, teils aus prähistorischer Zeit. Neben schlichten Zeichen ist auch eine Anzahl von Mischwesen und anderen Figuren zu finden.

96_Die Festung Fenestrelle

Die Große Mauer des Piemont

Fenestrelle ist die größte Befestigungsanlage Europas und nach der Chinesischen Mauer das zweitgrößte gemauerte Bauwerk der Welt. Über Jahrzehnte fast vergessen, rückt sie gerade erst wieder ins Bewusstsein der Menschen. Selbst den meisten Italienern sind die drei miteinander verbundenen Festungen fremd. Erzählt man ihnen davon, kommen sie aus dem Staunen oft nicht mehr heraus. Eine Anlage wie ein Weltwunder mitten in Europa, und keiner hat davon gehört? So kann es einem gehen im Piemont und seinen Tälern. Dieses Vergessen ist aber auch der Grund, warum der Bau als eines der 100 meistgefährdeten Kulturdenkmäler der Welt gilt.

Die Festung befindet sich im Val Chisone und erstreckt sich über fast drei Kilometer an der ehemaligen Grenze zu Frankreich entlang. Es war der Sonnenkönig Ludwig XIV., der 1692 den Grundstein für den Bau legte, um die Grenze zu Savoyen zu sichern. Viktor Amadeus II., durch den Vertrag von Utrecht in den Besitz der Anlage gekommen, begann sie zur heute bekannten Größe auszubauen. Jetzt war es an dem Militäringenieur und Architekten Bertola, ein Bauwerk zum Schutz Turins vor Frankreich zu errichten.

Die einzelnen Forts sind über 3966 Stufen verbunden, die vom Forte San Carlo bis zum Forte delle Valli führen. Diese Treppe ist von einer besonderen Faszination. Vollständig überdacht, macht sie den Komplex zu einer geschlossenen Anlage. Auf unterschiedlichen Ebenen angelegt, wirken diese Überdachungen selbst wie riesige Stufen und regten zu mancher Legendenbildung an.

Mit der Zeit verlor die Festung an Bedeutung und wurde Kadettenanstalt, Verbannungsort und zuletzt Gefängnis für politische Gegner der Faschisten. Nach dem Zweiten Weltkrieg wurde der Komplex vollständig aufgegeben und durch Vandalismus fast zerstört. Heute bemühen sich Freiwillige um die Wiederherstellung, und inzwischen kann Fenestrelle auf teils mehrstündigen Exkursionen wieder erkundet werden.

Adresse 1 Via del Forte, 10060 Fenestrelle | **Anfahrt** A 55/SS 23 bis zum Ort Fenestrelle, dann scharf rechts zur Festung abbiegen | **Öffnungszeiten** Di und Mi geschlossen, Mo, Do–So 10–13 und 14–17 Uhr | **Tipp** Der Sonnenkönig Ludwig XIV. veranlasste den Bau der am 25. August 1689 eingeweihten Pfarrkirche; sie ist dem heiligen Ludwig gewidmet, jenem König, der, ob seiner Frömmigkeit und Bescheidenheit viel gelobt, Frankreich ein goldenes Zeitalter bescherte.

97_Die Eiserne Maske

Der Mann mit der eisernen Maske in Pinerolo

Alexandre Dumas verewigte die Geschichte der »Maschera di ferro« (»Eiserne Maske«) in dem gleichnamigen Roman, und Voltaire wollte ihr Geheimnis lüften. Nichts trieb den Philosophen mehr um, als während der Zeit seiner Gefangenschaft in der Bastille Informationen zu sammeln. Anstatt in der Bastille zu verharren, hätte er um seine Verlegung nach Pinerolo ersuchen sollen.

In der dortigen Zitadelle, die heute nicht mehr existiert, wurde die mysteriöse Gestalt im August 1669 erstmals inhaftiert und blieb hier bis 1681. Auf Anweisung Ludwigs XIV. wurde dem Gefangenen eine besondere Behandlung zuteil. Am bekanntesten ist natürlich die Maske, die er tragen musste – wahrscheinlich war sie aus schwarzem Samt und wurde lediglich von Metallriemen zusammengehalten. Die Wachen hatten Anweisung, ihn sofort zu töten, hätte er auch nur angedeutet, die Maske entfernen zu wollen. Man könnte meinen, es handelte sich vielleicht um jemanden, der Ludwig XIV. besonders missfiel. Dem widerspricht, dass er auch außergewöhnliche Privilegien genoss.

Für seinen Unterhalt stand ein kleines Vermögen zur Verfügung, allein der Ausbau seiner Zelle kostete Tausende Livres. Hinter drei Türen – damit die Wachen ihn nicht hören konnten – war es ihm erlaubt, sich eine möblierte Zelle einzurichten. Vom dritten Stock des Eckturms konnte er seine Wunschmahlzeiten mit einem schönen Blick über die Stadt genießen, und diese wurden auch noch vom Gefängnisdirektor persönlich serviert, der ihm bei seinen späteren Verlegungen bis in die Bastille folgte. Dort starb die »Maske« am 19. November 1703.

In Pinerolo erinnert an diese rätselhafte Gestalt eine kleine, aber aufwendig gestaltete Bronze unter den Bäumen vor der Chiesa San Maurizio. Hier ganz in der Nähe befand sich einst die Zitadelle, und vom Kirchplatz hat man einen ähnlichen Blick über Pinerolo wie die »Maske« einst von ihrer Zelle aus.

Adresse Chiesa San Maurizio, 1 Via Ciochino, 10064 Pinerolo | **ÖPNV** Regionalbahn von Turin Porta Susa bis Pinerolo, dann einem historischen Pfad in die Oberstadt folgen (etwa 20 Minuten) | **Öffnungszeiten** nur von außen zu besichtigen | **Tipp** Jedes Jahr am ersten Oktoberwochenende feiert die Stadt die Geschichte um die »Maschera di ferro«. Spiele, Märkte und Musik laden in das 17. Jahrhundert ein. Vielleicht lüftet sich hier ja auch irgendwann die Identität des Mannes hinter der Maske. Voltaire hätte seinen Spaß daran gehabt.

98 Colle del Nivolet

Die faschistische Zeitrechnung

Ein heute noch immer wenig beachtetes Kapitel des italienischen Faschismus ist die neu eingeführte Zeitrechnung. Die »era fascista« begann offiziell am 28. Oktober 1922 mit dem von Mussolini angeführten »Marsch nach Rom«. Damals zwang Mussolini den König, ihn zum Führer Italiens zu erheben, und machte sich daran, die Demokratie in eine menschenverachtende Diktatur zu verwandeln. Mussolini war Hitler zeitlich um einiges voraus, und sein Italien befand sich bereits im Jahr 10, als der Faschismus auch in Deutschland die Macht an sich riss.

Heroisch indoktriniert versah man große Infrastrukturprojekte – solche, die man dafür hielt oder schlicht als groß verkaufen wollte – mit den Emblemen der faschistischen Macht. Sogenannte »fasces« (Rutenbündel), einst Insignien der Machthaber im alten Rom, wurden in Hauswände gemeißelt, an Brücken angebracht und zierten Straßen. Nach Mussolinis Sturz am 25. Juli 1943 konnten die Partisanen das verhasste Symbol gar nicht schnell genug beseitigen. Der einst allgegenwärtige »fascis« wurde (wie in Deutschland das Hakenkreuz) überall getilgt. Heute sind daher nur noch ganz wenige Zeugen dieser Machtdemonstration zu finden.

Abgelegen im Valle Orco am Gran Paradiso, gleich hinter der Einfahrt von Chiapili Superiore, steht ein großer Felsen mit solchen Zeichen. Man sieht das eingemeißelte Rutenbündel und das Emblem des Königs, aber auch ein »V«, das für den Beginn der neuen Zeitrechnung steht. Natürlich meint das lateinische V das Jahr 5. Warum nun die »era fascista« so begann, ist schnell erklärt: Es kommt daher, dass die neue Zeitrechnung erst am 25. Dezember 1926 eingeführt wurde, also fünf Jahre nach deren rückdatiertem Beginn. Der Grund für diese abgelegene Machtdemonstration ist der Bergpass »Colle del Nivolet«, eine ingenieurtechnische Meisterleistung. Noch heute kann man hier über seine befestigten Wege den Pass überqueren.

Adresse Chiapili Superiore, 10080 Ceresole | **Anfahrt** SP 460 bis ans Ziel folgen | **Öffnungszeiten** immer zugänglich | **Tipp** Windsurffans sind hier oben im letzten Tal vor dem Gran Paradiso in ihrem Paradies. Am Lago di Ceresole betreiben sie ihren Sport vor spektakulärer Bergkulisse. Also nicht den Neoprenanzug und das Surfboard vergessen.

99 Das Mohammed-Relief

Der Prophet auf Besuch im Susatal

Keramiken, Töpferwaren und in Stein gehauene Artefakte zeugen von der langen Besiedlung des Susatals. Hier zog Hannibal über die Alpen und Karl der Große nach Rom. Nicht weit entfernt hatten die Muslime mit dem Fraxinetum einen Brückenkopf. Diese Siedlung in Südfrankreich wurde von muslimischen Piraten gegründet und war dem Kalifen von Córdoba unterstellt. Von dort aus jagten sie nach Sklaven und plünderten bis weit ins Piemont hinein. Es wird berichtet, dass eine Gruppe von ihnen auf einer Lichtung zwischen Borgone und San Didero Rast machte. Aus Dankbarkeit für einen erfolgreichen Beutezug sollen sie ihrem Propheten zu Ehren ein Relief in den Felsen gehauen haben. So wird die Gegend seit langer Zeit »Il Maometto« genannt.

Mitten im Wald zwischen den genannten Orten finden wir tatsächlich eine Anzahl von Hinweisen auf eine frühe Nutzung. Auf einer Lichtung sieht man an einem Felsen das Relief eines Mannes mit erhobenen Armen, eben dem vermeintlichen Mohammed. Es ist möglich, dass die Mauren hier einst Rast machten, dass aber das Relief von ihnen stammt, ist ausgeschlossen. Ihre Religion verbietet die Abbildung des Propheten. Eine Inschrift lässt vermuten, dass es bereits im 2. oder 3. Jahrhundert entstand. Diese Tatsache sowie diverse Münzfunde legen nahe, dass es sich bei der Abbildung um Jupiter Dolichenus handelt. Römische Soldaten verbreiteten diesen ursprünglich vom Euphrat stammenden Gott im gesamten Reich und hatten sich auch hier niedergelassen.

Die Besiedlung dieses Ortes reicht aber viel weiter zurück, wie fast 4.000 Jahre alte Grabfunde beweisen. In der Mitte steht ein Felsen, auf dem unvollendete Mühlsteine zu liegen scheinen. Da der Stein aber zu weich ist und befestigte Hochwege zu ihm führen, könnte es sich auch um einen Altar handeln. Hier gibt es noch viele Rätsel – worum handelt es sich beispielsweise bei den runden Öffnungen in der Wand?

Adresse Via al Maometto, 10050 Borgone Susa | **Anfahrt** A 32, Ausfahrt 4 Borgone, rechts halten, dann links Via di Sangue | **Öffnungszeiten** immer geöffnet | **Tipp** Auf dem Rückweg nach Turin kann man in Almese haltmachen. Die Überreste der Villa Romana aus dem 1. Jahrtausend zeugen von der frühen Romanisierung der Gegend. Es handelt sich um das größte römische Privathaus in Norditalien.

100_Der Ponte Tibetano

Die längste Hängebrücke der Welt

Im oberen Susatal, kurz vor der französischen Grenze, liegt die kleine Gemeinde Claviere. Wintersportlern ist sie als eines der ersten Skigebiete des 20. Jahrhunderts und Austragungsort nationaler und internationaler Wettbewerbe bekannt.

Im Sommer führt von hier durch die Schlucht von San Gervasio in Richtung Cesana eine Hängebrücke. Man könnte denken, man hinge hier in den Bergen Tibets fest, und erwartet, jeden Moment einen alten Tempel zu sehen. So falsch ist dieser Eindruck nicht, ist diese Hängebrücke doch nach tibetanischem Vorbild erbaut. Und sie ist längste der Welt. Fast 500 Meter führt sie über die »Kleine Dora« hinweg und erhebt sich dabei bis auf eine Höhe von 90 Metern über den Fluss.

Zwei Jahre haben die Alpinisten der Giorgio Musu Society gearbeitet, um diesen Superlativ zu errichten. Selbst mit Hilfe modernster Technik – auch ein Helikopter stand zur Verfügung – war dies kein leichtes Unterfangen. Dennoch haben sie es geschafft, eine 7.500 Kilogramm schwere Konstruktion bis zu acht Meter tief in den Felswänden zu befestigen. Das Begehen der Brücke ist somit ein anspruchsvolles, aber sicheres Abenteuer für Erwachsene und Kinder.

Die Brücke besteht aus drei Teilstücken, und es sind gut anderthalb Stunden für die Erkundung der Gesamtstrecke einzuplanen. Die Abstände zwischen den Latten sind groß genug, um beim Blick hinunter, tief ins Tal, schwindlig zu werden. Nach den ersten hundert Metern hat man sich aber daran gewöhnt, und das Adrenalin weicht dem Genuss, unberührte Natur zu erleben. Auf der Strecke gibt es die Möglichkeit, mehrere Klettersteige hinauf auf die Felsen zu nutzen. Gut befestigt bieten sie ein ein- bis fünfstündiges Extraabenteuer für geübte Kletterer, aber auch für Anfänger.

Die schönste Tageszeit für eine Erkundung ist morgens und am späten Nachmittag, wenn die Sonne noch oder schon wieder tief steht und das Licht sich an den Felsen bricht.

Adresse Via Torino 10, 10050 Claviere | **Anfahrt** mit dem Zug von Turin bis nach Oulx und dann den Bus bis Claviere | **Öffnungszeiten** Mitte Mai – Juni, Sept. an Wochenenden; Juli, Aug. täglich 9 – 16.30 Uhr (letzter Einlass) | **Tipp** Im Susatal gibt es neben den hier genannten Klettersteigen noch weitere. Ein besonders schöner ist bei Bussoleno im Naturreservat Orrido di Foresto. Hier kann man sich von der sommerlichen Hitze unter einsamen Wasserfällen und in kristallklaren Teichen Erfrischung suchen.

101 Die Grotte von Lourdes

Die Berufung, eine Kopie von Lourdes zu bauen

In den westlichen Ausläufern des Piemont unweit von Turin, liegt das Val Sangone. Im oberen Tal befindet sich Forno di Coazze, ein kleines Alpendorf auf 1.000 Metern Höhe, eine Oase der Ruhe zwischen Bergen und Bächen. Allein wegen dieser Idylle sollte man hier einen Tag verbringen, und gerade in den heißen Sommermonaten ist dies eine willkommene kühlende Abwechslung. Hierher kommt man aber auch wegen einer anderen Attraktion, die für viele ein heiliger Ort ist.

Es war 1947, als ein junger Priester aus Turin schwer an Tuberkulose erkrankte und von seinem Bischof, Kardinal Fossati, zu einer Wallfahrt ins französische Lourdes geschickt wurde. In der Grotte erlebte Don Giuseppe Viotti einen Zusammenbruch, und als er am nächsten Tag erwachte, war er komplett geheilt. Zurück in Turin konnte auch eine eingehende Röntgenuntersuchung keine Erkrankung mehr feststellen. Bereit, wieder seinen Aufgaben nachzugehen, wurde Viotti nach Coazze entsandt. Da der Ort für sein Lungenerkrankungen zuträgliches Klima bekannt war, hielt der Bischof diese Versetzung für angebracht.

Aus Dankbarkeit der Heiligen Jungfrau gegenüber errichtete Viotti in Forno di Coazze eine Säulenstatue der Maria. Von dieser fühlte er sich berufen, einen Ort ähnlich wie Lourdes zu errichten. Heute befindet sich genau dort eine Kopie der berühmten Grotte, in vollkommen gleichen Abmessungen. Mit Mosaiken ausgeschmückt, birgt sie in ihrem Zentrum eine zwei Meter hohe Marienstatue aus weißem Carrara-Marmor – der Mittelpunkt einer großartigen Anlage mit einem aktiven religiösen Leben. Viele tausend Wallfahrer suchen diesen Ort Jahr für Jahr auf und bringen ihre Hoffnungen und Träume mit. Ihnen steht eine ausgebaute Infrastruktur mit Hotelanlage und Verpflegungsmöglichkeiten zur Verfügung. Die Meditationsgärten, künstlerische Darstellungen des Glaubens und die Krypta von Don Viotti lohnen aber auch für Nichtgläubige einen Besuch.

Adresse 30 Via della Resistenza, 10050 Forno di Coazze | Anfahrt A 55, Ausfahrt Avigliana Est, dann bis Giaveno, Via Sertorio bis zum Ziel | Öffnungszeiten Mo–So 10.30–18.30 Uhr | Tipp Ein weiteres der Jungfrau von Lourdes gewidmetes Heiligtum befindet sich in den Hügeln nördlich von hier, in Richtung Giaveno. Die dortige imposante Kirche wurde bereits 1926 errichtet.

102 Casa de Bartolomei

Susas Spuren in Dantes »Göttlicher Komödie«

Am Eingang zur historischen Altstadt von Susa steht ein bemerkenswertes Gebäude. Es vereint die Baustile vieler Jahrhunderte und steht damit exemplarisch für die Geschichte der Stadt. Neben dem jüngsten Teil, dem Glockenturm, fallen besonders die Rundbögen in der Fassade auf. Sie stammen aus einer Zeit, als hier einer der brillantesten Rechtsexperten des 13. Jahrhunderts das Licht der Welt erblickte.

Heinrich von Susa studierte sowohl römisches als auch Kirchenrecht und legte eine atemberaubende Karriere hin. Aufgewachsen am Hof der Savoyer, wurde er bereits im Alter von 20 Jahren Erzdiakon und Kaplan des Papstes. In Paris wie in England machte man sich sein Wissen zunutze und beauftragte ihn mit wegweisenden Rechtsgutachten. In London stieg er bald zu einem geschätzten Staatsdiener Heinrichs III. auf. Um ihn nicht gänzlich an den englischen König zu verlieren, gestattete der Papst ihm, neben der Kirche auch weiteren Berufungen nachzugehen. Von der Insel hingegen kehrte er erst zurück, nachdem er zum Bischof ernannt worden war. Dem folgten die Würde des Erzbischofs von Embrun und schließlich seine Ernennung zum Kardinal.

Gestorben am 12. Oktober 1271, lebte die Erinnerung an seine Weisheit fort. Er fand sich letztendlich als einer der Protagonisten im Paradies von Dantes »Göttlicher Komödie« wieder. Bei seinem Rufnamen Hostiensis schreibt Dante: »Nach des von Ostia, des Thaddäus Lehren … Sollt' er als Lehrer bald sich groß bewähren.«

Das Haus trägt wie der Platz davor den Namen einer Familie aus Susa, und es heißt, dass Heinrich dieser Familie, de Bartolomei, angehörte. Nachweisen lässt sich dies ebenso wenig wie der angenommene Ort seines Todes, Lyon. Dass aber der Geist von Recht und Philosophie in den Mauern seines Geburtshauses schlummert, davon zeugt Norberto Rosa, seines Zeichens ebenfalls Rechtsgelehrter und Dichter, der im 19. Jahrhundert in Susa lebte.

Adresse 1 Piazza de Bartolomei, 10059 Susa | **Anfahrt** A 32, Ausfahrt 15 Susa Est | **Öffnungszeiten** nur von außen zu besichtigen | **Tipp** Susa könnte man auch das »piemontesische Rom« nennen. Durch die Porta Savoia folgt man dem Weg durch den Augustusbogen und biegt dann rechts in eine antike Gasse ein, die zum Amphitheater führt. Auf dem Weg dorthin sieht man mehrere großartige und oft hervorragend erhaltene römische Bauten.

103 Der Rocciamelone

Zur Panoramawallfahrt auf einen Dreieinhalbtausender

»Dreitausender« – ein magischer Begriff in der Welt der Bergsteiger. Unter den Alpinisten gelten sie als Herausforderung. Mit 3.538 Metern ist der bei Susa gelegene Rocciamelone einer der höchsten Gipfel seiner Art. Trotz der enormen Höhe gehört er zu den wenigen, welche man auch als ungeübter Alpinist erobern kann. Sein berühmtester Besucher war Papst Johannes Paul II., der hier 1999 einen Gruß zum hundertjährigen Bestehen der Gipfelstatue Madonna della Neve verfasste. Wurde der Papst mit dem Helikopter auf den Gipfel gebracht, wird der Wanderer den Aufstieg wagen müssen.

Schon die Erstbesteigung des höchstgelegenen Wallfahrtsort der Alpen fand aus religiösen Gründen statt. Dies war am 1. September 1358, als der Deutschordensritter Bonifacius Rotarius den Gipfel erklomm, um hier, aus Dank, dass er die muslimische Gefangenschaft im Heiligen Land überlebte, eine Metallplakette der Heiligen Jungfrau niederzulegen. Heute feiert man am 5. August das Pilgerfest, dem Tag, als Alpinisten 1899 die drei Meter hohe Bronzestatue der Madonna auf dem Gipfel errichteten. In der Erinnerung an diese Tat und als Symbol für die Last der Sünden trägt der gläubige Pilger einen Sack Sand auf den Gipfel. Abgesehen von religiösen Absichten ist das wohl einzigartige Panorama der südlichen Alpen und eine atemraubende Natur Grund genug, dieses Abenteuer zu wagen. Schon auf dem Weg kommt man durch unberührte Landschaften. Vorbei an von Enzian blaugefärbten Almen und zwischen Gämsen und Steinböcken erhält man spektakuläre Ausblicke.

Auf dem Gipfel angelangt überschaut man die gesamten lombardisch-piemontesischen Alpen und kann weit bis in den französischen Teil hineinblicken. Monte Rosa, Grand Paradiso und selbst der Montblanc lassen sich von hier bestaunen. Spektakulär ist auch der Blick nach Süden, hinab in das nur sieben Kilometer entfernte, aber 3.000 Meter tiefer gelegene Susa.

Adresse 10070 Usiglio | **Anfahrt** von Susa aus über Urbiano nach La Riposa | **Öffnungszeiten** witterungsbedingt, im Sommer unbedenklich | **Tipp** Vom Gipfel sieht man bei gutem Wetter die Sacra San Michele, jenes Kloster, das einen von Turin kommend schon am Eingang des Susatales in Staunen versetzt und Kulisse des Films »Im Namen der Rose« war. Ein Besuch ist ein Muss.

104 Der Gòrgia-Wasserfall

Der Schlund von Balme

Wenn man durch Balme, den letzten Ort des Valli di Lanzo, geht, sieht man am Straßenrand das Haus »lou Gouiàt«. Hier lebte Antonio Castagneri, einer der berühmtesten Bergsteiger seiner Zeit. Auch bekannt als Tòni dìi Toùni, unternahm er nicht weniger als 43 Erstbesteigungen. In seiner Kindheit und Jugend noch Schmuggler, verwendete er sein Wissen später dazu, Bergführer zu werden. Damit schuf er einen neuen Wirtschaftszweig und belebte den Tourismus hier wie in vielen anderen Bergregionen.

Nur wenige Schritte hinter dem Haus stürzt die Stura tief einen spektakulären Wasserfall hinab, genannt »la Gòrgia« (»der Schlund«). Dort, wo Castagneri im Auftrag des Club Alpino Italiano die erste Brücke baute, steht man noch heute über dem Wasser. Während des Einbruchs der Nacht, wenn »la Gòrgia« von der Brücke aus illuminiert wird, wirkt er geradezu mystisch. Man lauscht seinem Rauschen und Grollen und erinnert sich an das letzte Abenteuer von Tòni dìi Toùni, der während eines Sturmes am 18. August 1890 auf der Suche nach einem neuen Weg auf den Mont Blanc verschollen ist.

Das kühle Wasser der Stura nutzte man früher ein wenig oberhalb von hier für den Betrieb einer Mühle, und man hielt die Milch von den Almen damit frisch, bis man Butter und Käse aus ihr zubereitete. Weiter unten auf der rechten Seite grub man eine Öffnung, in der man mit Hilfe des Wasserfalls über den Sommer das Eis des Winters kühlen konnte. Eine weitere Besonderheit sieht man, wenn man einem kleinen Umleitungskanal an der Basis folgt. Er mündet in einem 1909 eröffneten Kraftwerk. Es wird noch heute genutzt und ist das älteste seiner Art.

Hinter der Brücke begibt man sich auf einen nicht ganz einfachen Abstieg durch den Wald und genießt immer neue Blicke auf den Wasserfall und die Landschaft. Man erreicht von hier aus das Dorf Cornetti, dessen Geschichte bis ins 13. Jahrhundert zurückreicht.

Adresse 42 Via Capoluogo, 10070 Balme | **Anfahrt** A 55, Ausfahrt Borgaro, dann SP Valli di Lanzo bis zum Ziel | **Öffnungszeiten** stets zugänglich | **Tipp** Das Ecomuseo di Balme bietet interessante Einblicke in die Lebenswelt der Bergführer und den Alltag im Tal. Das Logo des Museums ist ein Bildnis von Antonio Castagneri.

105 Die Teufelsbrücke

Wie Gottes Brücke zu der des Teufels wurde

Manche Bauwerke erschienen den Menschen früher so erstaunlich, dass man sie dem Teufel zusprach. Ein ganz besonderes Beispiel hierfür findet man in Lanzo Torinese. Vom Monte Basso zum Buriasco führt die Bogenbrücke »Ponte del Diavolo« über die Sturaschlucht. Sie ist von nahezu perfekter Harmonie und beeindruckt die Menschen noch immer. Errichtet ab 1378, verband sie die Stadt mit dem Umland. Ihr Bau wurde mit einer Weinsteuer finanziert, was über Umwege der Grund für den heutigen Namen sein mag – beim Weinkauf wurde es zur Gewohnheit, im provençalisch-piemontesischen Dialekt »moi deu« (»mein Gott«) zu rufen. Bald nannte man die Brücke »Pont des deu«, woraus über das französische »dieu« dann »diavolo« wurde.

Natürlich gibt es auch dafür die passende Legende. So wird erzählt, dass der Satan und ein Heiliger in der Gegend lebten. Man hatte Anstand und grüßte einander freundlich. »Guten Tag, Herr Heiliger.« – »Guten Tag, Herr Teufel, wie war der Seelenfang heute? Die Leute sind alle so glücklich in der Gegend.« Der Heilige sah darin seine Chance. Schon lange versuchte man, eine Brücke zu bauen, um die Stadt mit der Gegend zu verbinden. Jedes Mal jedoch stürzte sie noch vor der Fertigstellung in die Fluten. Also schlug er dem Satan vor, die Brücke zu errichten. Es würden mehr Menschen kommen, und wenn sie nur hoch genug sei, werde sich so mancher von ihnen in den Tod stürzen und ihm seine Seele einbringen. Als Lohn wurde weiter ausgemacht, dass die Seele des ersten Lebewesens, das die Brücke betrete, dem Teufel gehöre. Nachdem dieser und seine Gehilfen die Brücke errichtet hatten, wagte sich niemand darauf, bis ein Kalb, das einem Bauern entlief, sie überquerte. Der Teufel, wutentbrannt ob der entgangenen Menschenseele, sprang von einer Seite auf die andere und hinterließ dabei tiefe Hufabdrücke. Andere sagen, die Abdrücke stammen von den Suppentöpfen, in denen er beim Bau für seine Gehilfen kochte.

Adresse Via Pinin Pacot, 10074 Lanzo Torinese | **Anfahrt** Strada Provinciale 1 bis Lanzo, dann links bis zum Ziel folgen | **Öffnungszeiten** immer geöffnet | **Tipp** Unterhalb der Brücke kann man in den Fluten der Stura herrlich wildwasserbaden. Selbst an heißen Tagen ist es hier selten überlaufen.

106_Die Höhle von Pugnetto

Auf der Suche nach dem Weg durch den Berg

In Rozello überquert man die Sturabrücke und folgt der Straße nach Pugnetto. Kurz vor dem Ort erhebt sich ein Hügel, den ein gewundener Pfad hinaufführt. Unten ist Platz, das Auto zu parken, um sich an den Aufstieg zu wagen, ausgerüstet mit gutem Schuhwerk und Taschenlampen. Dort angekommen, kann man noch eine kleine Kapelle besichtigen, bevor man sich in die Tiefen des Berges begibt. Den Eingang kann man nicht übersehen, im Sommer kann man ihn auch fühlen – ein kalter Wind bläst aus dem dunklen Schlund herauf. So mancher hat hier schon gedacht, er hätte in der Kapelle um etwas Mut für die ersten Schritte bitten sollen.

Die Grotte, die früher als »Borna Pugnetto« bekannt war, ist eine von fünf Höhlen in der Umgebung und die einzige, die mehr als ein paar Meter misst. Bereits 1823 erwähnt, gilt sie erst seit 1984 als komplett erforscht. Dies lässt einen an die vielen Legenden denken, die sich um diesen Ort ranken. Es heißt, dass die Grotte durch den ganzen Berg führte und an einem Ausgang endete, der als »Le Creux de L'arborai« bekannt war. Von hier machten sich die Bewohner auf, um Schlösser zu brandschatzen und einigen anderen Schrecken zu verbreiten. Die Geschichten spinnen sich weiter, angeblich führen Gänge bis zu weit entfernten Bergen. Heute nimmt man an, dass es durchaus weitere, bisher unentdeckte Abschnitte gibt.

Auch wenn die Höhlenforschung für den Ungeübten ein Wagnis zu sein scheint, kann man sich hier trauen, zumindest einen Teil des Weges zu gehen. Früher hingen unzählige Stalaktiten von den Decken, doch leider wurden sie ob ihrer angeblichen Wunderkräfte fast alle entwendet. Noch immer aber sieht man leuchtende Kristalle und Quarzadern, man kommt an einer Quelle vorbei und an einem Madonnenschrein.

Die einzigartige Flora und Fauna, vom Alpenveilchen bis zu seltenen Käfern, macht diesen Ort auch für Naturinteressierte zu einem Erlebnis.

Adresse Strada Provinciale 249 del Pugnetto, 10070 Mezzenile | Anfahrt A 55, Ausfahrt Borgaro, dann SP Valli di Lanzo bis Rozello, dann über die Brücke bis Pugnetto | Öffnungszeiten April – Okt. geöffnet | Tipp Wer sich tiefer in den Berg begeben will, kann bei der örtlichen Sektion des Club Alpino Italiano (CAI – Lanzo) eine professionell ausgerüstete Exkursion zu dieser und anderen Höhlen der Umgebung anfragen. Der Club betreibt in der Nähe auch die verlassene Mine Brunetta. Hier kann man das ganze Jahr über das Leben der Bergleute erkunden.

107_Das Fresko von Voragno

Die Reise des Grabtuchs von Turin

Während das Original des Grabtuchs von Turin im städtischen Dom versteckt liegt, kann man ihm auf Fresken und Gemälden häufiger begegnen. Eine der authentischsten Darstellungen befindet sich in Voragno. An der Capella dei Santi Fabiano e Sebastiano befindet sich ein etwa sechs Meter langes Fresko der »Sindone di Torino«, wie man das Grabtuch in Italien nennt. Als älteste Abbildung dieser Art stammt sie aus dem dritten Jahrzehnt des 16. Jahrhunderts, der Zeit, als das Grabtuch seinen Weg nach Turin fand. Neben dem historischen Wert erkennt man die Vercelleser Schule mit so wichtigen Vertretern wie Ferrari und Giovenone. Sie haben ein künstlerisches Werk hinterlassen, das in dieser Form einmalig ist.

Man geht davon aus, dass das Fresko eine Auftragsarbeit von Karl III., Herzog von Savoyen, war, das er zum Dank für die Rettung des Grabtuchs gespendet haben soll. Seine Frau Beatrix von Portugal überführte es wohl 1535 von Chambéry nach Turin. Man befürchtete, dass es den heranrückenden Franzosen in die Hände oder dem Wüten der calvinistischen Protestanten zum Opfer fallen könnte. Um Aufmerksamkeit zu vermeiden, kehrte man nicht in den großen Städten ein, sondern in kleinen Siedlungen wie Balme oder eben Voragno.

Von besonderer Bedeutung ist der linke Teil des Bildes, auf dem das Grabtuch vor einem Kardinal ausgebreitet ist, der von zwei Bischöfen flankiert wird. Es handelt sich dabei um Kardinal Ludovico di Gorrevod, Bischof von St. Jean de Maurienne. Im Hintergrund sind Karl und seine Frau abgebildet, anhand beider Wappen am unteren Rand identifizierbar.

In Turin angekommen, sollte die Reise nur kurz unterbrochen werden. Die Franzosen überrannten Savoyen, und Beatrix flüchtete mit der Sindone nach Mailand. Savoyen, aufgerieben zwischen Frankreich und dem Kaiser, war nur wenige Jahre die wirkliche Heimat von Karl und Beatrix. Die meiste Zeit verbrachten sie im Exil.

Adresse Capella dei Santi Fabiano e Sebastiano, 37 Strada Provinciale delle Valli di Lanzo, 10070 Voragno | **Anfahrt** A 55, Ausfahrt Borgaro, dann SP Valli di Lanzo bis zum Ziel | **Öffnungszeiten** nur von außen zu besichtigen | **Tipp** Zwischen Ceres und Cantoira thront das Santuario di Santa Cristina spektakulär auf dem gleichnamigen Felsen. Rechts neben dem Eingang ist noch die ursprüngliche Votivsäule von 1440 zu sehen. Sie wurde in den Chor der später errichteten Kirche integriert.

108 Piazza Annunziata

Wo ein Wille ist, ist auch ein Weg

Der Palazzo Carignano an der Piazza Annunziata war einst Sitz der königlichen Veterinärschule. Hier studierte ab 1818 Michele Lessona, den man zu seiner Zeit als Universalgenie bezeichnete. Er war Zoologe, Physiker, Schriftsteller und vieles mehr und prägte mit seinem gleichnamigen Werk den Begriff: »Wo ein Wille ist, ist auch ein Weg.«

Das ist ein treffendes Sprichwort für diesen Platz. Die Piazza Annunziata ist ein regelrechtes Schatzkästchen. Wie ein Großteil der Altstadt wurde sie im 17. Jahrhundert von Castellamonte entworfen. Eine Straße führt von hier aus zur Residenz und zum Stadttor und bildet damit die Verbindung von Stadt und Hof nach. Ihre Form entspricht der höchsten Auszeichnung der Savoyer, dem Ordine Annunziata (»Orden der Verkündigung«). So sehen wir auf der einen der beiden Säulen den Engel der Verkündigung und auf der gegenüberliegenden Maria, die die Nachricht erhält, dass sie die Muttergottes sein wird.

In der Kirche gibt es an der linken Säule vor dem linken Altar eine Kuriosität zu bestaunen: Wenn man in die Höhe blickt, sieht man ein kleines gemaltes Schild mit dem Wappen von Juventus Turin darauf. Im Jahr 1962 wurde Nino Pirlato mit der Restaurierung der Fresken beauftragt, und er nahm sich die Freiheit, seine Lieblingsfußballmannschaft zu verewigen.

Eine weitere Geschichte erzählt der Glockenturm. Seine Uhr ist über den Glocken angebracht anstatt wie üblich darunter. Das war nicht immer so: Früher hatten die Bewohner der Nachbarstadt Altessano Inferiore einen Turm ohne Uhr. Den Leuten aus Venaria war dies stets einen Spaß wert. Wann immer sie jemanden aus Altessano trafen, fragten sie ihn: »Sag mal, wie spät ist es?« Irgendwann beschlossen die Venariesi, ihre Uhr über den Glocken anzubringen, sodass man sie auch noch in Altessano lesen konnte. Ob das nun nett gemeint war oder man die Konkurrenten einmal mehr necken wollte? Wer weiß …

Adresse Piazza della SS. Annunziata, 10078 Venaria Reale | **ÖPNV** Bus 11 bis Fermata 2294 Centro Storico | **Öffnungszeiten** immer geöffnet | **Tipp** Auf der durchgehenden Via Andrea Mensa gibt es viele Restaurants und Geschäfte. Hinter der Residenzanlage liegt der Mandria-Park mit einem weiteren Schloss. Hier kann man mit gemieteten Fahrrädern eine Tour durch schöne Natur unternehmen und am Bauernhof eine Pause einlegen.

109_Tenuta Colombara

»Papa Riso«

In Livorno Ferraris, dem Herzen der Provinz Vercelli, liegt die Tenuta Colombara. Wie eine Insel erhebt sie sich aus einem Meer von Reisfeldern. Gourmets auf der ganzen Welt bekommen leuchtende Augen, wenn sie diesen Namen hören: Von hier kommt der weltbeste Reis, der Carnaroli »Acquerello«.

Dahinter steht Piero Rondolino und »to be different« – das ist sein Credo für den Erfolg. Immer anders, immer innovativ sein. »Papa Riso«, so müsste man ihn eigentlich nennen, so verdient hat er sich um den italienischen Reis gemacht, so exquisit ist sein Wissen um diesen und so groß seine Passion für Qualität und Geschmack. Er ist einer der letzten Grandseigneurs Italiens, Oberhaupt einer Familiendynastie, die einen ganzen Ort bis in die letzte Ecke prägt.

Das spürt man, wenn man in die Domäne einfährt. Es öffnet sich ein Hof von immenser Dimension. Ringsum alte Maschinen, Pflüge, Schmiedebalken. Aus der Ferne denkt man, jeden Moment müsse reges Treiben beginnen. Kommt man näher, sieht man die Zeit, die an allem nagt. Ab dem Jahr 2004 richtete man hier ein einmaliges Eco-Museum ein: Man belebte dieses Gehöft nicht neu, sondern öffnete alte Räumlichkeiten, unrenoviert wie die Einrichtung. Der Besucher schaut in Arbeiterwohnungen und Schlafhäuser hinein, nichts wird beschönigt, und alles transportiert die Wunden dieser noch nicht allzu lange vergangenen Zeit. Thematisiert wird das harte Leben der »mondine«, der Saisonarbeiterinnen, wie man sie aus alten italienischen Filmen kennt. Mit diesem Wissen soll man erkennen, dass sich in der Balance zwischen Geschichte und Gegenwart ein guter Weg für die Zukunft findet. Hier ist es der bis zu neun Jahre lang gelagerte Reis, der mit Keimen angereichert und verarbeitet wird wie früher. Die eine oder andere Packung »Acquerello« sollte man mitnehmen, schließlich findet man diesen außerhalb Italiens nur in den Küchen der besten Köche.

Adresse Tenuta Colombara, 13046 Livorno Ferraris | **Anfahrt** A 4, Ausfahrt Rondissone, dann bis Livorno Ferraris, hinter der Ortsausfahrt noch 6 Kilometer | **Öffnungszeiten** das Gehöft kann jederzeit besucht werden, das Museum auf Anfrage, Tel. 0039/0161477832 | **Tipp** Im Hof hat auch die deutsche Künstlerin Claudia Haberkern ihr Atelier. Ihre Installationen und Skulpturen kann man bei wechselnden Ausstellungen ansehen.

110 Madonna delle Vigne

Die Partitur des Teufels

Wo sich heute die Reisfelder des Vercellese erstrecken, standen in alter Zeit dichte Wälder. Dunkle Legenden haben von damals bis in die Gegenwart überlebt. Bei Lucedio erhebt sich aus den gefluteten Feldern eine mit einem lichten Eichenwald bestandene Insel – zwischen den Bäumen verwilderte Hecken, überzogen mit Spinnenweben, in denen der Morgentau glänzt wie silberne Perlen. Man könnte meinen, dies sei einer der schönsten Orte.

Von einem Friedhof führt ein Weg zu einer Lichtung mit einer Kirche. So ungewöhnlich wie der Ort, an dem sie steht, ist sie selbst: Die Kirche ist ein Turm ohne Schiff mit hoher Kuppel. Nicht als Kreuz angelegt, sondern mit achteckigem Grundriss und einem Eingang nach Süden anstatt nach Osten. Erbaut wurde sie 1696, und der Militäringenieur der Verteidigungsanlagen von Turin, Ignazio Bertola, soll für den Entwurf verantwortlich sein.

Folgerichtig soll sie früher nicht der Verherrlichung Gottes, sondern der Verteidigung gegen das Böse gedient haben. Die Nonnen und Mönche der nahen Klöster gaben sich einst dämonischen Handlungen hin. Sie knechteten die Bauern, die Nonnen trieben Unzucht mit den Mönchen. Tote wurden anstatt Gott dem Bösen anvertraut. Es soll ein Abt gewesen sein, der das Böse beendete und in eine Krypta unter der Kirche verbannte. Seine Mumie und die seiner Nachfolger sollen über dem versiegelten, bis heute nicht wiedergefundenen Eingang wachen.

Der Papst selbst exkommunizierte die Kirche 1784, und sogar der Friedhof wurde umgebettet. Seit jener Zeit steht sie hier verlassen, und dennoch leuchten die Fresken in ihrem Inneren, und die Engel lächeln farbenfroh von den Pilastern. Über dem Eingang ist eine Orgel gemalt, unter ihr eine Notenfolge. Diese Partitur soll den Weg in die Krypta weisen: Vorwärts gespielt soll die Musik den Bann des Bösen stärken, rückwärts jedoch das Siegel schwächen, bis es bricht.

Adresse Strada Provinciale 34, 13039 Trino | **Anfahrt** A 4, Ausfahrt Chivasso Est, bis Crescetino, dann in Richtung Trino, in Montarola links auf die SP 34 und nach 500 Metern am Friedhof parken | **Öffnungszeiten** immer zugänglich | **Tipp** Das Kloster zu dieser Kirche befindet sich in Trino selbst. Es ist sehr gut erhalten, mit einer immer noch geradezu mittelalterlichen Atmosphäre. Hier kann man weitere Legenden erkunden. Auch hier wird von geheimen Krypten berichtet und unterirdischen Spalten, die weinen, weil sie dem Bösen so nahe sind.

111 Factory-Outlets

Piemont, das Mode-Mekka

Was wäre eine italienische Region ohne große Modehäuser? Das gilt natürlich auch für das Piemont. Hier ist es der Norden um Biella mit seinem Zentrum für feinste Wolle in Trivero. Die größten Namen der Modebranche, von Versace über Ferragamo bis Tom Ford – alle verwenden sie Stoffe aus dieser Gegend. Mit Ermenegildo Zegna kommt einer der exklusivsten und bekanntesten Herrenausstatter von hier, und Frauen träumen von den Kaschmirpullovern von Agnona.

Italienisch einkleiden kann man sich natürlich in Turin, man denke nur an die Via Lagrange oder die Via Roma, wo es von Hermès über Armani und Prada bis zu Chanel alles gibt. Ein eher alternatives Shoppingerlebnis hat man auf Europas längster Flaniermeile, der Via Garibaldi. Hier findet man jüngere Mode, manchmal ausgefallen und meist zu günstigen Preisen. Dass man, wenn es um Mode geht, auch an Cuneo denken sollte, überrascht vielleicht, doch Cuneos Einwohner haben sich zu wahren »fashion victims« entwickelt.

Aber auch der Trend der Factory-Outlets geht am Piemont nicht vorbei. Das wird einen nicht wundern, denn so nahe wie hier sind die Tuchfabriken nirgends. In Sandigliano, wenige Kilometer vor Biella, lädt »The Place Luxury Outlet« ein. Feinstes Kaschmir, handgeschneiderte Anzüge, Accessoires und Schuhe aus der Gegend, aber auch Lingerie von La Perla oder Handtaschen von Gucci findet man hier in guter Auswahl.

Während »The Place« Anlaufstelle für die prestigeträchtigsten italienischen Label ist, ist Serravalle Scrivia noch einige Nummern größer. Das dortige Designer-Outlet ist das größte Italiens und war das erste des Landes. Es ist fast eine eigene Stadt, in angenehmer klassisch italienischer Architektur gehalten. Neben über 300 Marken von Burberry und Dolce & Gabbana über Adidas bis Desigual laden Cafés und Restaurants zum Verweilen ein. Hier findet man einfach alles, was international Rang und Namen hat.

Adresse The Place: 99 Via Cesare Battisti, 13876 Sandigliano, Serravalle: 1 Via della Moda, 15069 Serravalle Scrivia | **Anfahrt** The Place: E 64, Ausfahrt Carisio, dann in Richtung Biella; Serravalle: E 62, Ausfahrt Serravalle | **Öffnungszeiten** Mo–So 10–20 Uhr | **Tipp** Designfans kommen nicht umhin, Omegna zu besuchen. Dort, direkt auf dem Firmengelände von Alessi in der Via Privata Alessi 6, findet man den Fabrikverkauf der Stylingprodukte und Designklassiker einer der bekanntesten italienischen Marken.

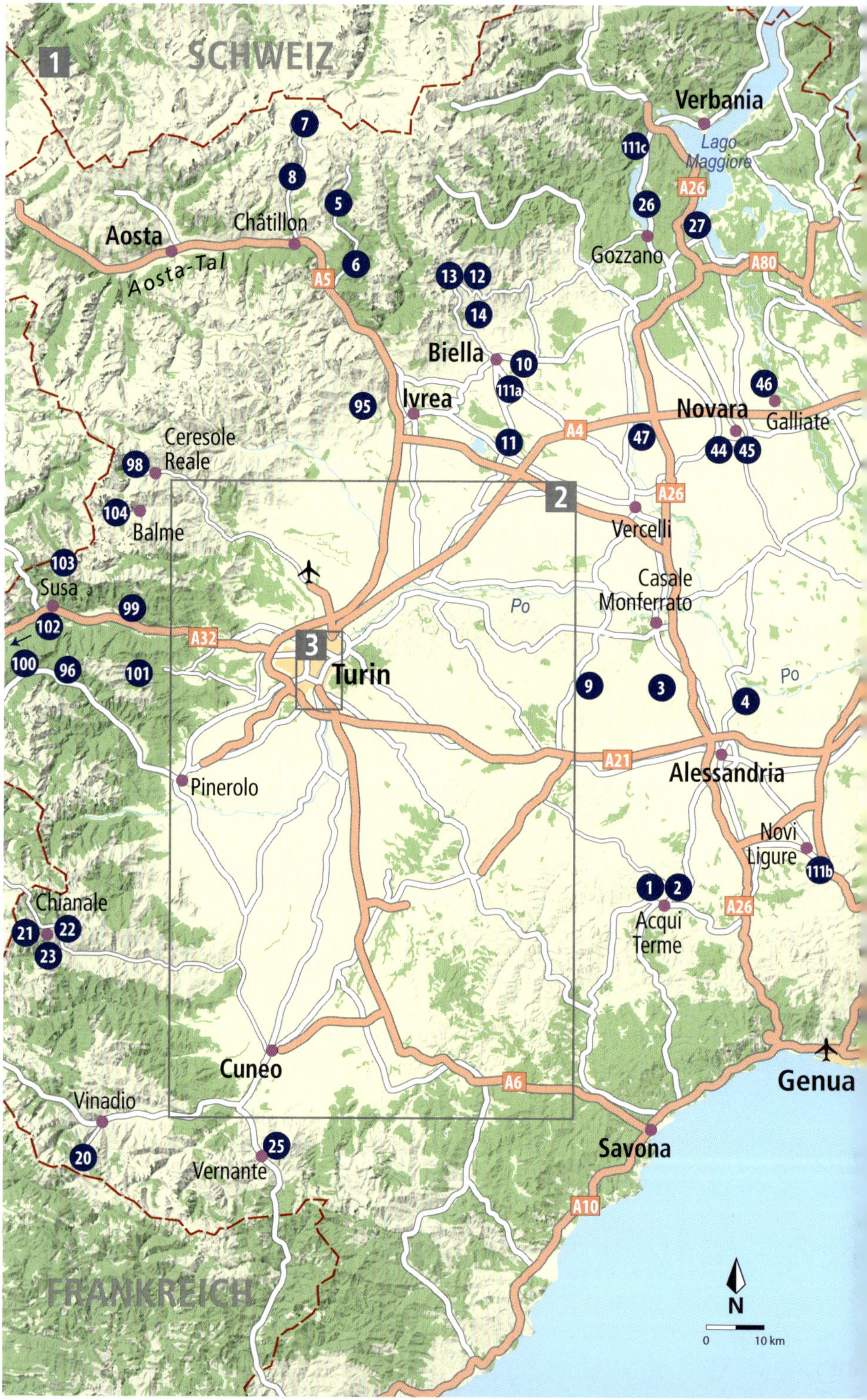
1
SCHWEIZ
Verbania
Lago Maggiore
Aosta
Aosta-Tal
Châtillon
Gozzano
Biella
Ivrea
Novara
Galliate
Ceresole Reale
Balme
Vercelli
Susa
Casale Monferrato
Po
Turin
Alessandria
Pinerolo
Novi Ligure
Chianale
Acqui Terme
Cuneo
Genua
Vinadio
Savona
Vernante
FRANKREICH
N
0
10 km
A5
A26
A80
A4
A32
A21
A6
A10
2
3

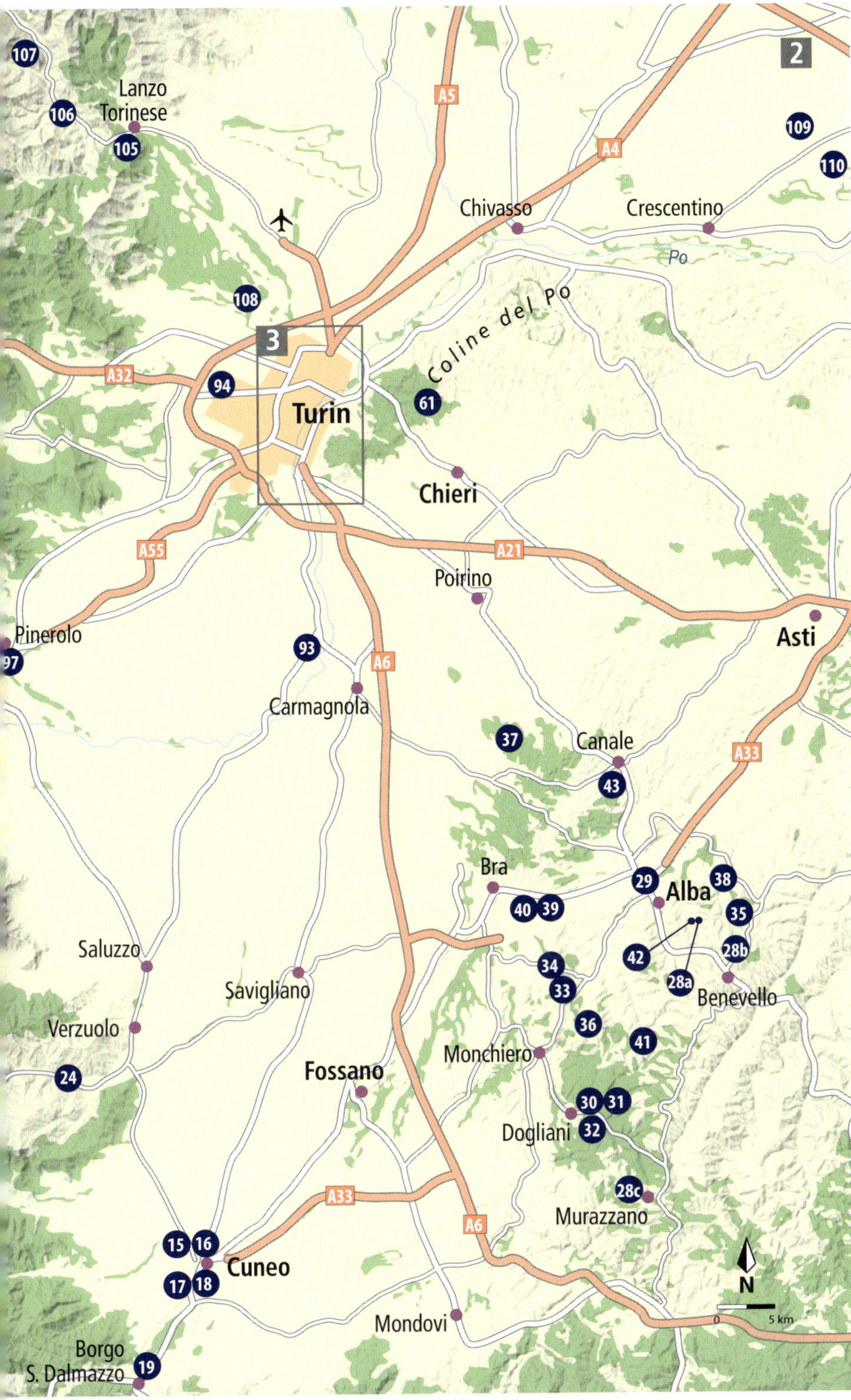

2
3
107
106
105
Lanzo Torinese
A5
A4
109
110
Chivasso
Crescentino
Po
108
Coline del Po
A32
94
Turin
61
Chieri
A55
A21
Poirino
Pinerolo
97
93
A6
Carmagnola
Asti
37
Canale
A33
43
Bra
29
Alba
38
40
39
35
42
28b
34
33
28a
Benevello
Saluzzo
Savigliano
Verzuolo
36
41
Monchiero
24
Fossano
30
31
Dogliani
32
28c
Murazzano
15
16
Cuneo
17
18
N
0
5 km
Mondovi
Borgo S. Dalmazzo
19

3
A55
A4
92
55
50
AURORA
Parco della Pellerina
75
4
Parco Colletta
70b
77
91
74
CENISIA
TURIN
Po
54
51
79
73
CROCETTA
80
64
48
GERBIDO
MOLINETTE
82
57
81
63
87
85
MIRAFIORI
76
Po
NICHELINO
A21
MONCALIERI
N
0
650 m

4
Corso Principe Oddone
Corso Regina Margherita
Corso Principe Eugenio
Corso Giulio Cesare
Corso Valdocco
Via Guiseppe Garibaldi
Giardini Reali
Via Cernaia
Piazza Castello
Via Pietro Micca
Piazza Carlo Alberto
Piazza San Carlo
Corso Galileo Ferraris
Corso Re Umberto
Via XX Settembre
Via Carlo Alberto
Via Accademia Albertina
Corso Vittorio Emanuelle II
Via Madama Cristina
Corso Massimo d'Azeglio
Parco del Valentino
56
72b
60
62
59
69
58
67
65
53
88
86
83
89
84
72c
72a
70a
68
66
78
90
52
71
N
0
150 m

Rüdiger Liedtke
111 Orte auf Mallorca, die man gesehen haben muss
ISBN 978-3-89705-975-7

Susanne Thiel
111 Orte in Madrid, die man gesehen haben muss
ISBN 978-3-95451-118-1

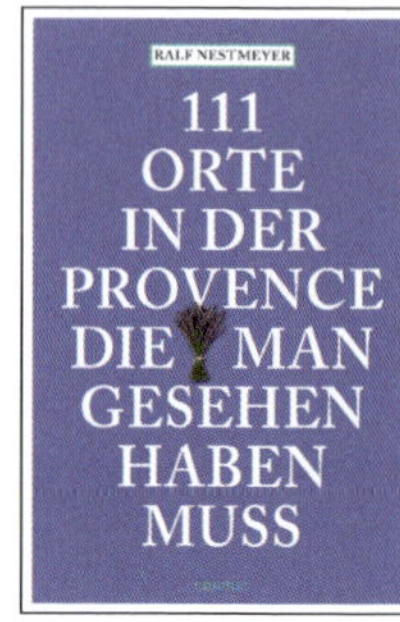

Ralf Nestmeyer
111 Orte in der Provence, die man gesehen haben muss
ISBN 978-3-95451-094-8

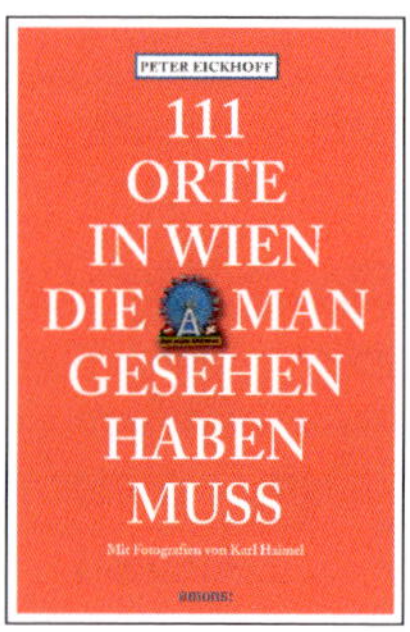

Peter Eickhoff
111 Orte in Wien, die man gesehen haben muss
ISBN 978-3-89705-969-6

Stefan Spath
111 Orte in Salzburg, die man gesehen haben muss
ISBN 978-3-95451-114-3

Jo-Anne Elikann
111 Orte in New York, die man gesehen haben muss
ISBN 978-3-95451-512-7

Dirk Engelhardt
111 Orte in Barcelona, die man gesehen haben muss
ISBN 978-3-95451-066-5

John Sykes
111 Orte in London, die man gesehen haben muss
ISBN 978-3-95451-117-4

Annett Klingner
111 Orte in Rom, die man gesehen haben muss
ISBN 978-3-95451-219-5

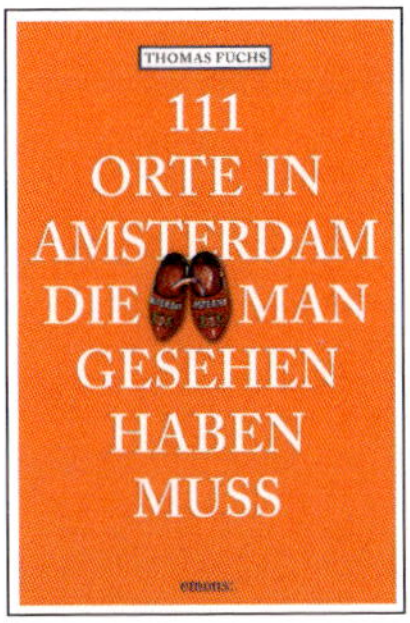

Thomas Fuchs
111 Orte in Amsterdam, die man gesehen haben muss
ISBN 978-3-95451-209-6

Stefan Spath, Gerald Polzer
111 Orte im Salzkammergut, die man gesehen haben muss
ISBN 978-3-95451-231-7

Christiane Bröcker, Babette Schröder
111 Orte in Stockholm, die man gesehen haben muss
ISBN 978-3-95451-203-4

Sabine Gruber, Peter Eickhoff
111 Orte in Südtirol, die man gesehen haben muss
ISBN 978-3-95451-318-5

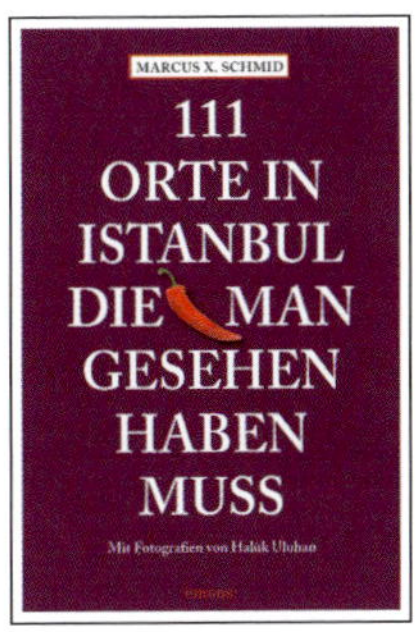

Marcus X. Schmid
111 Orte in Istanbul, die man gesehen haben muss
ISBN 978-3-95451-333-8

Gerd Wolfgang Sievers
111 Orte in Venedig, die man gesehen haben muss
ISBN 978-3-95451-352-9

Rüdiger Liedtke, Laszlo Trankovits
111 Orte in Kapstadt, die man gesehen haben muss
ISBN 978-3-95451-456-4

Eckhard Heck
111 Orte in Maastricht, die man gesehen haben muss
ISBN 978-3-95451-368-0

Petra Sophia Zimmermann
111 Orte am Gardasee und in Verona, die man gesehen haben muss
ISBN 978-3-95451-344-4

Lucia Jay von Seldeneck,
Carolin Huder, Verena Eidel
111 Orte in Berlin, die man gesehen haben muss
ISBN 978-3-89705-853-8

Bernd Imgrund
111 Kölner Orte, die man gesehen haben muss
Band 1
ISBN 978-3-89705-618-3

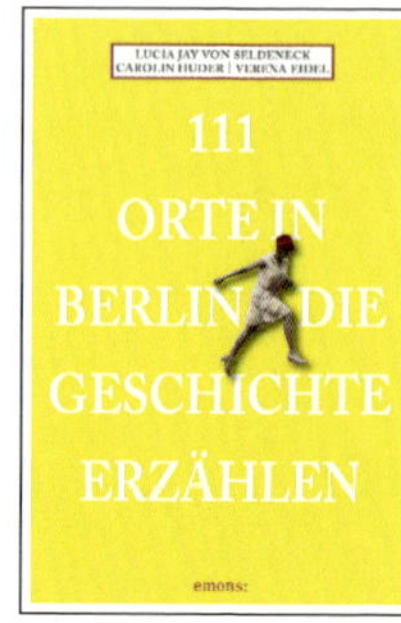

Lucia Jay von Seldeneck,
Carolin Huder, Verena Eidel
111 Orte in Berlin, die Geschichte erzählen
ISBN 978-3-95451-039-9

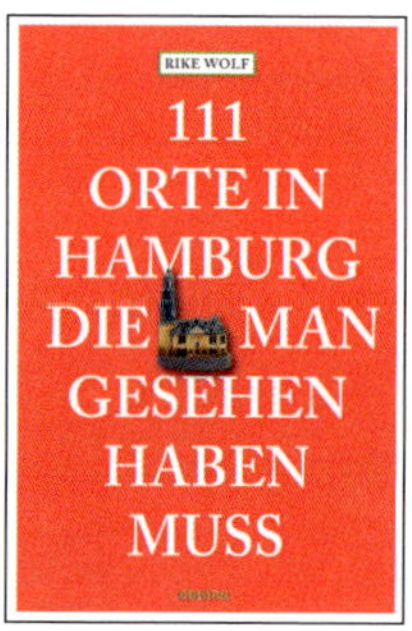

Rike Wolf
111 Orte in Hamburg, die man gesehen haben muss
ISBN 978-3-89705-916-0

Gabriele Kalmbach
111 Orte in Stuttgart, die man gesehen haben muss
ISBN 978-3-95451-004-7

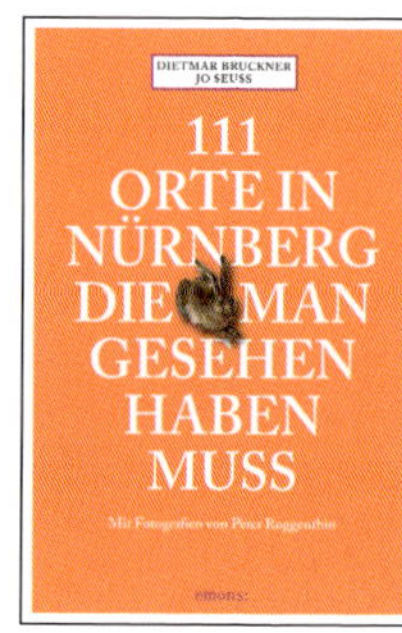

Dietmar Bruckner, Jo Seuß
111 Orte in Nürnberg, die man gesehen haben muss
ISBN 978-3-95451-042-9

Rüdiger Liedtke
111 Orte in München, die man gesehen haben muss
ISBN 978-3-89705-892-7

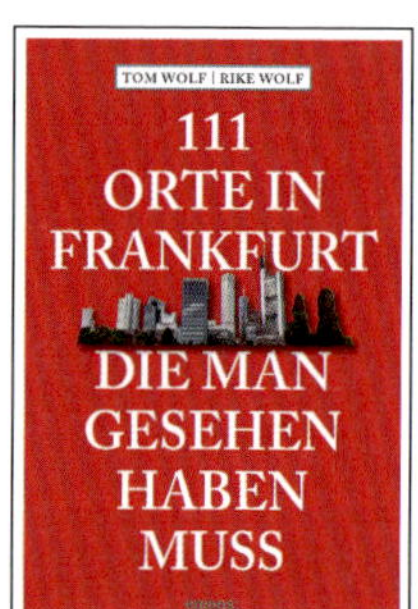

Rike Wolf, Tom Wolf
111 Orte in Frankfurt, die man gesehen haben muss
ISBN 978-3-95451-342-0

Peter Eickhoff
111 Düsseldorfer Orte, die man gesehen haben muss
ISBN 978-3-89705-699-2

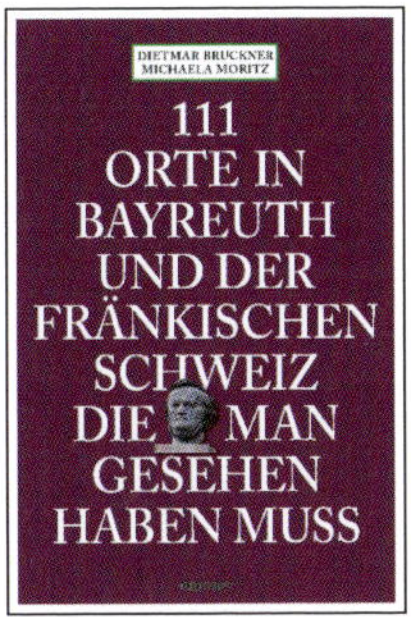

Dietmar Bruckner, Michaela Moritz
111 Orte in Bayreuth und der Fränkischen Schweiz, die man gesehen haben muss
ISBN 978-3-95451-130-3

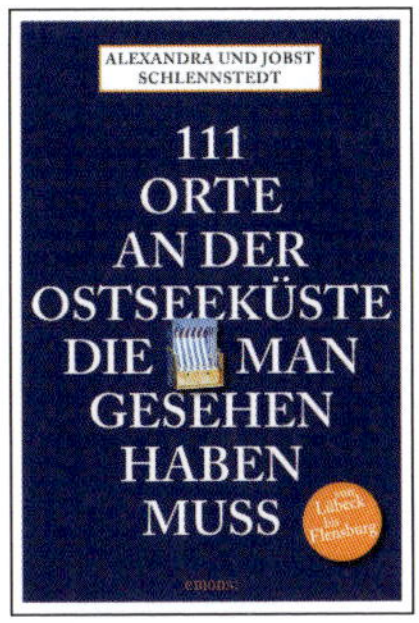

Alexandra und Jobst Schlennstedt
111 Orte an der Ostseeküste, die man gesehen haben muss
ISBN 978-3-89705-824-8

Ulf Annel
111 Orte in Erfurt, die man gesehen haben muss
ISBN 978-3-95451-022-1

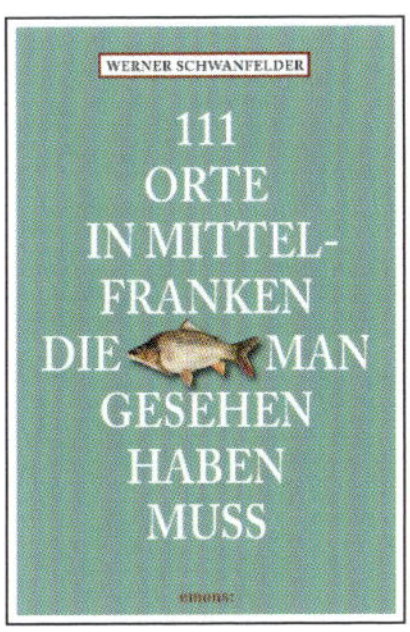

Werner Schwanfelder
111 Orte in Mittelfranken, die man gesehen haben muss
ISBN 978-3-95451-336-9

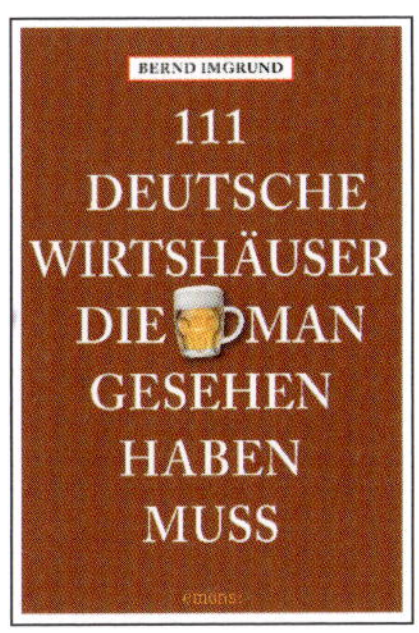

Bernd Imgrund
111 deutsche Wirtshäuser, die man gesehen haben muss
ISBN 978-3-95451-080-1

Cornelia Kuhnert
111 Orte in Hannover, die man gesehen haben muss
ISBN 978-3-95451-086-3

Lust auf mehr? Laden Sie sich die »LChoice«-App runter, scannen Sie den QR-Code und bestellen Sie weitere Bücher direkt in Ihrer Buchhandlung.

LChoice

Hier bestellen

Dank

vor allen Claudia Josefus
Sonja Erdmann, Maria Todaro, Carla Arselli, Roberto Beda, Carlo Basíleios, Jan Nolte, DURST Sylvaner

Der Autor

Schon seit seinem ersten Besuch in Turin in seiner Jugend hat die Stadt **Marx de Morais** in ihren Bann gezogen und wurde Grund für seine zur Berufung gewordene Leidenschaft. Als Gastrosoph und Trüffelexperte lebt und arbeitet er heute in Turin, Berlin und London.